家康という生き方

泉 秀樹 著

激動の時代を生きた家康が
あなたの年齢のときどんな危機に直面し
どう乗り越えたかを重ね合わせてみましょう。

泉　秀樹

【目次】

第二部　野望編

【凡例】
・掲載写真は全て著者の撮影によるものです。
・撮影当時と現況に変化のあるものについては撮影年を付しました。
・古典籍は版本から引用しましたが、読みやすくするため適宜補注を加え、ふりがなを付しました。仮名遣いなどを変えた部分もあります。

松平郷と岡崎城——祖父の地、生まれた城

松平郷《まつだいらごう》（愛知県豊田市松平町）は岡崎市から奥三河《おくみかわ》に一六キロメートルほど離れた、矢作《やはぎ》川《がわ》上流にある支流・巴川《ともえがわ》の、さらに上流にある谷戸の零細な村である。

鎌倉時代は三河国加茂《かも》郡松平郷とよばれ、郷主は在原信盛であった。

この深い草に埋もれたような谷間の村落に、一人の遊行僧が流れ着いた。

諸国を流浪する僧で、当時人々はそうした僧にいかがわしさを感じながら「夜道怪《やどうかい》」と呼んだ。夕暮れ時に辻々に佇んで「ヤドウカ」と叫ぶ。それが転訛して「夜道怪」になった。

宿ヲ借シテクレ、ヒト晩泊メテクレナイカ！　と叫ぶわけで、あまりタチがよくないのもいた。

そういう輩には「宿を貸すな」ともいわれた。娘を盗られるのである。

反面、山間僻地へ分け入った地では、夜道怪は歓迎されることも少なくなかった。閉鎖集落に諸国の新しい情報をもたらす者だったからだ。

そして、ときには娘を盗られることも喜んだ。

谷間でどんより澱《よど》んだ一族の血に、新鮮な血を導入できたからである。

松平郷に流れ着いた夜道怪は、時宗の僧・徳阿弥《とくあみ》という人物である。

徳阿弥は上野国《こうずけ》（群馬県）の新田義貞《にったよしさだ》の一族だと称し、信盛の息子・信重の女婿となり、名を松平太郎左衛門《たろうざえもん》と改めた。

娘を盗って松平郷に居座ったか、優秀さを見込まれて信重に乞われたかはわからないが、この徳阿弥が初代・親氏《ちかうじ》で、二代・泰親《やすちか》とともに、巴川を下っていった。

巴川を下って次第に矢作川沿岸に進出し、さらに下流の平野部へ、岡崎へと勢力を浸潤《しんじゅん》させて行ったのである。

松平郷の西南わずか一六キロメートルの岡崎平野に進出するまで、親氏、泰親、信光《のぶみつ》、親《ちか》忠《ただ》、長親《ながちか》、信忠《のぶただ》、清康《きよやす》、広忠《ひろただ》と、八代をかけた。

八代・広忠の子が家康《いえやす》である。

低い山と山の間の、松平郷の斜面を階段状に耕している田や畑、せまい谷戸田にはさまれた道を歩いていると、この道の舗装材を剥がしてしまえば、それはそのまま戦国の風景になってしまう、と思う。

そして、この辺鄙《へんぴ》な松平郷から岡崎という繁華な市街を核とする豊かな三河平野へ、どれほ

松平氏発祥の地碑（愛知県豊田市松平町）

ど徳阿弥以下、八代の男たちが進出して行きたいと切望したかが理解できるような気がする。

幅二メートルほどの堀をめぐらせた小さな松平氏の居館趾は、さほどの規模ではない。まことに質素というか貧寒な印象で、これが戦国乱世に決定的な終止符を打ち、明治維新まで日本を支配し続けた徳川氏発祥の地なのか、と首をかしげずにはいられない。

松平氏の居館址は、端的にいえば、どこにでもある神社の境内くらいの広さで、家康はどうひいき目に見ても、いかがわしさをまとった「夜道怪」の子孫であって、とても貴種だとは考えられないと感じられてくる。また、だからこそ、親近感も抱くのである。


岡崎城（愛知県岡崎市康生町）は享徳・康正年

間（一四五二―五七）に三河の守護・仁木《にっき》氏の目代（代官）であった西郷稠頼《つぎより》が築城したといわれる。

川舟の往来でにぎわう西の矢作川と南の菅生《すごう》川の合流点にある竜頭山を利用した縄張りで、東と北に堀と土塁を設けた。

そして、ちょうどこのころ力をつけた松平郷の松平氏が南の三河平野に進出してきた。稠頼の次の頼嗣《よりつぐ》は、力がのびてきた松平信光の子の光重《みつしげ》を養子として西郷家を存続しようとしたが、松平清康によって西郷氏は大永四年（一五二四）に城を追われた。

家康はこの清康の子の広忠の嫡子《ちゃくし》である。

元和三年（一六一七）には三層の天守も建てられ、江戸参府のときにこれを見たドイツ人医師エンゲルベルト・ケンペルは『日本誌』に

城の中央の高塔（天守閣）は、その西南に面した側の姿がもっとも観賞に値する。


と記している。

船頭たちは三河湾から矢作川に入って伊賀《いが》川・菅生川の合流点のさらに上流まで流れをさかのぼり、城の南を流れる乙川《おとがわ》の畔には船着場が設けられていたから「五万石でも岡崎さまはお

矢作川

城下まで舟が着く」と歌った。

そして、矢作川の堤防の上に立つと、河原の砂が陽の光を受けて白くまぶしく輝いている。質のいい砂で、かなり高価だと聞いた。

車の通行量が多い矢作橋の橋脚の下を、豊かな水がゆったりと流れている。

矢作橋から伊賀川に向い、流れに沿って下っていく。

伊賀川は菅生川に流れ込み、岡崎城はその合流点に位置する。伊賀川は城の堀でもあるということだ。

菅生川の広々とした河川敷に

降り立つと、天守閣がすぐ間近に見え、白い壁が赤い夕日に映えている。たしかに、小舟で川から直接堀に入って行けるから、人々はこの城に親しみを持っていただろう、と思われた。

城中に入ってみると、戦国の面影がよく残っていることにおどろく。水のない堀に分厚く散り敷かれた枯落葉や、土砂の崩れ込んだ感じがいい。東西の総堀、外郭の北堀、櫓《やぐら》、城門は家康以後につくられた。城下町の発展と防衛を考えて、川の南を通っていた東海道を岡崎城の外堀の内側に通して「岡崎二十七曲り」をつくった。

複雑に縄張りした連郭式城郭である。

第一部　立志編

〔一〕 拉致誘拐と人質時代 ❖六歳

◆母と別れ、父と別れて人質に出された「竹千代」

松平竹千代《たけちよ》（徳川家康）は天文十一年（一五四二）十二月二十六日寅の刻、三河・岡崎城（愛知県岡崎市）本丸の北の、二の丸（御誕生曲輪《おたんじょうくるわ》）で生まれた。

本丸西の坂谷に「家康産湯《うぶゆ》の井戸」がある。

父は城主・松平広忠（十七歳）で、竹千代は長男として生まれた。

母は広忠の正室である尾張国知多郡の緒川城《おがわ》（愛知県知多郡東浦町）の城主で、三河国碧海《へきかい》郡（愛知県刈谷市）に刈谷城を築いた水野忠政《ただまさ》の娘・於大《おだい》（十五歳・伝通院《でんづういん》）である。

が、とにかく弱小領主だった三河・松平氏は、東の駿河《するが》・遠江《とおとうみ》を領する今川義元と、西の尾張の織田信秀《のぶひで》（信長の父）にはさまれて、身動きがとれない状況下にあった。

そして、水野忠政が亡くなった後、すぐに異変が起こった。

水野家の家督を継いだ於大の兄・信元《のぶもと》が天文十三年（一五四四）にそれまでの主筋であった今川と関係を切って織田側についたため、於大は離縁され、実家の水野家へ帰された。夫の広忠が今川に忠誠を示すために離縁せざるを得なかったのである。

岡崎城（岡崎公園）にある家康産湯の井戸

於大は広忠の家臣に送られて刈谷城へ帰っていったが、途中から家臣たちを戻らせた。

「兄の信元は短気だから、私についてきたあなたたちを、必ず殺すでしょう。そうすると竹千代に生涯うらまれることになりますから、ここから岡崎に帰ってほしいのです」と於大はいったという（『松平記』）。

このひとことから、於大は配慮の行き届いた聡明な優しい女性であったことがわかる。

於大のその先のことを述べてしまうと、彼女は実家へ帰ったのち、三年後の天文十六年（一五四七）兄・信元の命令で坂部《さかべ》城（阿久比《あぐい》城・愛知県知多郡阿久比町）の城主・久松俊勝《ひさまつとしかつ》に再嫁させられ、三男三女を産むことになった。

このとき岡崎城に残されていた竹千代はまだ三歳で、乳母がついていただろうが、さぞ実母の於大が恋しかっただろうと思われる。

そして、同じ天文十六年（一五四七）松平広忠は駿河の今川義元に応援を求めた。原因はまず織田信秀がたびたび三河に侵入して安祥城《あんじょう》（安城城・愛知県安城市）を奪取し、さらに岡崎城を狙っていることがわかったことと、一族内の主導権争いである。父・清康の弟、広忠からすれば叔父である三木松平《みつぎまつだいら》の信孝《のぶたか》が松平宗家の乗っ取りを画策したためだった。それも、織田方に寝返っていた上和田城《かみわだ》（愛知県岡崎市上和田町南屋敷）の松平忠倫《ただとも》、上野城《うえの》（愛知県豊田市上郷町藪間《やぶま》・上郷護国神社）の酒井忠尚《ただなお》と結託していたから、広忠は追い詰められた。

広忠は今川に援助と保護を乞うしかなかった。

すると、今川義元は、ならば、息子の竹千代を人質に出しなさいという。人質を出せば援軍を送ろう、という取引である。

広忠としては、今川への服従・忠誠がゆるぎないものであることを証明し、三河の安全のために今川義元と同盟の結びつきを強化する必要があった。

三歳で実母・於大と生別した竹千代は、またしても六歳で実父とも生別しなければならなかった。

ここで、竹千代は父に棄てられたのだともいえる。幼児の竹千代は抗うことなどできなかった。

戸田康光の居城だった田原城（愛知県田原市）

岡崎城（岡崎公園）にある幼少期の家康像

ただ言うがままにされるしかなかった。

自分ひとりでは越えることのできない「危機」を迎えていたといえよう。

竹千代は同年の遊び友達としてつけられた阿部正勝《まさかつ》と同じ輿《こし》に乗り、家人《けにん》二十八名と雑兵《ぞうひょう》五十余名で岡崎城を出発した。

そして、彼等は三河国・宝飯郡《ほいぐん》西郡《にしのごおり》（愛知県蒲郡市）から船で渥美湾を横断し、いったん渥美郡・田原《たはら》（愛知県田原市）に上陸した。天文十六年（一五四七）八月二日のことである。

田原城（愛知県田原市田原町巴江）には、竹千代の父・広忠の、後妻・真喜姫《まきひめ》の父・戸田康光《とだやすみつ》がいた。竹千代にとっては義理の祖父である。

◆今川家に行くはずが織田家に売られる

ところが、である。

一行は東海道を駿府（静岡県静岡市）に向かう予定だったが、この康光が陸路で駿府へ行くのは危険だから、船で行く方がいいと勧め、一行は船に乗った。

家康たちが勧められた船に乗ると、その船はなんと尾張の熱田の港に到着した。

康光は織田信秀に寝返っていて、竹千代を拉致《らち》し、永楽銭千貫文（五百貫ともいう）で売り渡してしまったのである。

買い取った竹千代を、信秀は、

名古屋萬松寺天王坊におしこめ置きて。勤番きびしく付け置しとぞ（『徳川実紀』）

という。これも、幼若の竹千代には背負うことのできない重い「危機」である。

信秀はとりあえず、竹千代を完成したばかりの那古野城近くの萬松寺《ばんしょうじ》の塔頭《たっちゅう》・天王坊に入れて番人をつけ、厳しい監視下に置いた。

それから信秀は、人質・竹千代を有効に使おうとした。

広忠に揺さぶりをかけたのだ。

かくて信秀より岡崎へ使を立て。幼息竹千代は我膝下に預り置きたり。今においては今川が與國（同盟国）を離れ。我が方に降参あるべし。若又《もし》その事叶はざらんには幼息の一命賜りなん

息子さんは私がおあずかりしています。今川と組むのはやめて、降参して我が方につきなさいよ。それができないというなら、息子さんの命はいただきますよ、と申し送った。

広忠はその使いの者に会ってこうこたえた。

愚息が事は織田方へ質子におくるにあらず。今川へ質子たらしむるに不義の戸田婚姻のよしみを忘れ中途にて奪ひ取りて尾州に送る所なり。廣忠一子の愛にひかれ義元多年の旧好を変ずべからず。愚息が一命は霜台の思慮にまかせらるべし

織田さん、私の倅《せがれ》はあなたのところへ送った人質ではありません。駿府の今川義元さん宛に送ったのです。それなのに戸田康光は当方と姻成関係（舅）であるよしみを忘れ、途中で竹千代を拉致して尾張へ送ってしまったのです。この広忠は、子供への愛情に惹かれて今川さんとの長年のよしみを変えるようなことはできません。倅の命はあなたの考えにおまかせします。

殺さんと欲せば即ち殺せ、吾曷《なん》ぞ一子の故を以て信を隣国に失はんや（『静岡市史』）

こう返答したので、信秀もさすがに「広忠は良将なり」と感じたという。

「広忠もさすがに卿の義心にや感じけん。竹千代君をうしなひ奉らんともせず」（『徳川実紀』）であった。

たしかに正論であり、広忠に「義心」を感じた信秀は、竹千代に危害を加えようとしなかったという。

信秀も広忠も、両者ともに戦国の雄らしく、男らしいやりとりであった。

そして、信秀は親戚付き合いをしていた熱田の豪族であり豪商でもある加藤順光《かとうじゅんこう》の子の順盛《よりもり》に竹千代をあずけた。

加藤家は伊勢神宮の神官出身ながら、熱田に移住して商人として頭角をあらわした。信秀が諸役を免じ、深く信頼していた富家である。竹千代はその加藤家の、熱田の精進川の畔の羽城《はじょう》（愛知県名古屋市熱田区伝馬二丁目）にある邸宅に幽閉されることになった。

ここで過ごした幼い竹千代がどのような様子であったかは、史料がないからわからないが、幽閉とはいうものの、加藤家は隣国三河を統《す》べる松平家の後継者をお預かりするということで、礼節を重んじ、優しく行き届いた家庭的な世話をしたのではないかと思われる。

幼童《ようどう》ながら、竹千代を大切な賓客として遇する養育をしたに違いない。

なぜそうかというと、竹千代がのちに征夷大将軍になって江戸に幕府を開いてからの話だが、加藤家に百四十余石の土地をあたえて人質時代の旧恩を謝しているからだ。

◆織田家で大切に遇されていた少年

一方、加藤家に、山口孫八郎《まごはちろう》(詳細不明)という家臣がいた。

孫八郎は、三河松平氏に対して敵意を抱いていたか、好意的でなかったのか、処遇が悪かったか、竹千代に対してひどく冷たかったようだ。ちょっとしたいじめか嫌がらせでもやったのかもしれない。

これを知った信秀は、よほど怒ったらしく、山口一族を追放処分にしてしまった(のち信長の時代になってからゆるされて帰参した)。

ということは、信秀自身も、竹千代を大事な子供だと考えていたという傍証になろう。いまひとつ傍証をあげると、玉誉清玉《せいぎょく》という人物である。

信秀が、尾張のどこかの、路上で苦しむ妊婦に出会った。見知らぬ女であったが、信秀は医師を呼んで介抱させ、薬などをあたえたが、妊婦は赤児を生み落として死んでしまった。

信秀はその赤児を不憫に感じて織田家で育てることにした。

赤児は順調に育ち、十三歳のとき奈良・興福寺に入り、修行を積んだ。

これが玉誉清玉であり、十九歳で阿弥陀寺(京都府京都市上京区寺町通今出川上ル鶴山町)を開創した。織田家の後援保護を得てであることはいうまでもないが、清玉自身も優秀であった。

また清玉は、のちに正親町《おおぎまち》天皇から松永久秀《まつながひさひで》が燃やしてしまった東大寺・大仏殿と大仏再建の勧進職を命じられた。

さらに、天正十年（一五八二）六月二日早暁の本能寺の変の朝、清玉は現場に駆けつけて信長の首を僧衣の袖に包んで阿弥陀寺へ持ち帰って懇篤《こんとく》に葬ったと伝えられている。

つまり、織田家には氏素性がわからない誰かの子供でもやさしく育てる、おおらかで優しい家風があったということである。

だから、人質・竹千代の扱いも、きっと家族的であったことだろう。

そして、詳細な記録はないけれども、信長はこの時期に萬松寺か加藤家で、幼い竹千代に何度か会っている、ということだ。

二人が会ったとき、人質として織田家に罪人のように預けられることになった六歳の竹千代と、十四歳の信長は、どのような面持ちで見つめ合ったことだろう。

会って、互いに、なにを感じ、なにを考えただろう。

二人はどのような会話を交わしたのだろう。

一緒に遊ぶようなこともあったのではないか。

信長には無類にやさしいところがあった。後のことだが、行きずりの物乞いに金品をあたえ、身が成り立ちゆくように取り計ったりしている。

だから、八歳年下の竹千代は、このときそういう信長のやさしいところに触れたのではなかったか。

そして、先輩や年上の友というより、竹千代にとって、信長は、あたかも実の兄のように慕わしい存在になったのではあるまいか。

「兄」というより「お兄ちゃん」という感じの存在になったのではないか。

もちろん、年長者である信長も、竹千代よりずっと多くのことを感じ取り、考えずにはいられなかったことだろう。

幼い竹千代が耐えている苛酷な孤独や環境に、深い同情や憐憫を抱いたことは想像に難くない。

しかし、広忠に命じられてか、自発的になのかはわからないが、金田与左衛門正房という者が熱田に潜入して竹千代を奪還しようとしたという話も伝わっている。これは失敗して金田は捕まって殺され、骸《むくろ》は磔にされたという(『貞享金田遠江守書上』)。

◆父・広忠が家臣に謀殺される

一方、竹千代が戸田康光に誘拐され、尾張の織田に売り飛ばされたことを知ると、駿府の今川義元は激怒した。

義元はただちに臨済寺《りんざいじ》（静岡県静岡市葵区大岩町）の住持であり今川家随一の名軍師・名将である太原雪斎《たいげんせっさい》に出撃させ、寝返った戸田康光の田原城を攻め落とし、戸田氏を滅ぼして配下の伊東祐時《いとうすけとき》をここに入れた。

戸田康光は義理の孫を売った永楽銭千貫文で命を落としたことになる。

また、竹千代を人質に取った信秀が、三河は駿河につくより尾張へつくのが得策だと恫喝《どうかつ》し、広忠はこれを拒絶したと述べたが、これをよしとした今川義元は、広忠に加勢して三河へ出兵した。

三河・額田《ぬかた》郡小豆坂《あずきざか》（愛知県岡崎市戸崎町）で信秀と合戦、今川勢が織田勢にやや優勢、という形でいったん終わった。第一次「小豆坂の戦い」である。

その少し前の天文十七年（一五四八）。

信秀は古渡《ふるわたり》城（愛知県名古屋市中区橘）を棄て、新たに三河との国境近くに末森《すえもり》城（末盛城・愛知県名古屋市千種区城山町）を築いて居城とした。今川勢に備えるためで、信長が十五歳のときである。

太原雪斎率いる今川勢が藤川宿（愛知県岡崎市）まで侵入してきたとき、信秀は安祥城（愛知県安城市）で待ち受けていた。

そして、同じ年の三月十九日、今川軍は再び小豆坂で信秀軍と激突した。第二次「小豆坂の戦い」である。

戦いは信秀軍が奮戦し、なんとか今川軍の進撃を抑えることができた。

激突したあと、今川軍は撤退し、信秀軍も安祥城まで退いた。

信秀は、信長の庶兄の信広《のぶひろ》を安祥城に入れ置いて守らせ、末森城へひきあげた。

その翌年の天文十八年（一五四九）三月六日のことだ。

異様な事件が起こった。竹千代の父・松平広忠が二十五歳で死んだのである。

広忠の父・清康は家臣の阿部正豊《まさとよ》に殺されたが（「守山崩れ」）、似たような死に方だった。二代つづけての、家臣による殺害であったと伝えられている。

広忠殺しの犯人は片目で「片目八弥」と呼ばれていた岩松八弥《いわまつはちや》という人物である。

八弥は信秀に誼《よしみ》を通じていた広瀬《ひろせ》城（愛知県豊田市西広瀬町）の佐久間全孝《よしたか》が松平家に派遣して広忠に近侍させた刺客であった（経緯不明）。

その八弥が、広忠が縁側で家来に灸を見せているとき、いきなり後ろから刺して逃げたが、大手先の堀のなかで討ち取られたという（『岡崎領主古記』）。

また、祝い事があったとき、皆がなにか芸を披露することになったが、八弥は無骨者なのでなにもできず、笑い者になった。それで、翌日、広忠が手洗いにゆくところを背後から脇差で刺し、手傷を負わせ、これに気づいた植村新六《うえむらしんろく》が逃げる八弥を追いかけて捕らえたとも、討ち取ったとも、松平信孝《のぶたか》（家康の祖父・清康の弟）が槍で仕留めた、ともいう（『三河後風土記』）。

諸説あってわからないのだが、いずれにしても広忠は非業の死をとげたと感じられる。

他国で人質になっている竹千代には、苛酷な父との死別である。

こんなにも重い不幸な宿業を、このときまだ八歳だった竹千代はどう受け止めたことだろう。

再び主がいなくなった岡崎城には、太原雪斎が進駐した。

ここで今川氏は広忠の領土・三河の全域を手に入れ、自領に組み込むことができたことになる。

三河に進駐した名将・太原雪斎は容赦しなかった。

広忠が横死してまもなく織田信秀も疫病で急逝したので、約八か月後の九月、雪斎は織田に奪われた安祥城を攻めて、攻めて、攻め抜いた。

今川勢は城を守っていた信広を、二の丸に追い込んだ。

そして、雪斎は織田の重役である平手政秀《ひらてまさひで》、林秀貞《はやしひでさだ》にこういい送った。

三郎五郎殿（信広）をば二之丸え押おろし、即、垷《ししがき》をゆいて押入而《おしこめて》おく（『三河物語』）

信広を二の丸に追い込み、ぐるりに鹿垣（鹿砦）を結ってとじこめている、ということである。それから、そちらで人質にしている松平竹千代と信広と「人質替（交換）にも被成候はんや」と申し出た。

然《しか》らずんば、是に而御腹《おはら》を切《きら》せ申《もう》さん

人質を交換しましょう。駄目なら信広さんに切腹してもらいますよ、ということで、織田側はすぐ人質の交換を承諾した。

◆人質交換で駿河・今川家に移される

この信広と竹千代の交換は、笠寺《かさでら》観音（笠覆寺《りゆうふく》・愛知県名古屋市南区笠寺町）で行われた。天文十八年（一五四九）十一月九日のことである。

かくして竹千代は、尾張から駿河に送られた。

十二月二十七日から駿府（静岡県静岡市）の城代屋敷（少将宮《しようしようのみや》町＝静岡市葵区紺屋町・小《お》梳《ぐ》神社《し》）で八歳から十九歳まで人質生活を送ることになったのである。

駿府における家康の人質生活は、熱田の加藤家と違って、ひどく抑圧されることがあったようだ。

隣家には小田原・北条氏から差し出された氏康《うじやす》の四男・氏規《うじのり》が人質として暮らしていた。隣同士だし同じ境遇だから、三歳年下の氏規と家康は親密に行き来し、楽しく遊んだことだろう。後々になってから、二人は心を通わせた交際をしている。が、反対側の隣家にはいやな思いをさせられていたようだ。

鷹狩りをして放った鷹が、隣家の孕石主水《はらみいしもんど》という今川の家臣の屋敷裏の林に入ってしまったことがあった。

主水はかねてから松平の鷹が自邸の庭へ獲物や糞を落とすので文句をつけていたが、そのとき鷹をとりに行った幼い家康に、吐き捨てるような口調で「三河の倅にあきれはてたる」といったという。

鷹をとりにいった竹千代少年はさぞ辛い気持ちでその言葉を聞いたことだろう。

後日談だが、この主水は永禄十一年（一五六八）に武田信玄が駿河へ侵入してきたとき、武田氏の家臣になった。

そして、天正九年（一五八一）三月、家康が武田方の高天神城《たかてんじん》（静岡県掛川市上土方・下土方）を陥落させたとき、城将の一人であった主水も捕らえられた。

家康は駿河時代の出来事を忘れておらず、

われにあきたる原見石（孕石）なれば、とく〳〵腹を戮《きらせ》（切）申《もうせ》（『三河物語』）

さっさと腹を切らせてしまえといい、ただ一人、主水だけを切腹させた。

わずかなやさしさが足りなかったために、主水は不本意な死にかたをしなければならなかった。情けは人のためならず、という言葉を連想させる家康の復讐譚である。

とにかく三河衆《みかわしゅう》は今川の家臣たちに折あれば「三河の宿なし」とさげすまれながら、駿府で肩身の狭い、屈辱的な十二年を過ごすことになったのである。現代風にいえば、ひどく残酷に差別されていたというところか。

竹千代をはじめ、駿府で人質になっている者たちだけでなく、国もとの三河にあっても、松平家中の者は、岡崎に駐留している今川家の人々に対して尋常ならざる配慮をしなければならなかった。

三河者は農作物を奪い取る今川家臣の顔色を窺《うかが》い、汲々《きゅうきゅう》として弱小国の民である悲哀を、砂を噛むように味わいつづけなければならなかった。

（武士なのに）百姓同前（然）に鎌・鍬を取、妻子をはごくみ、身を扶荒《たすけあら》れぬ形《なり》をして、誠に駿河衆と云《いわ》ば、気を取、拝《はい》つくばひ、折屈而髑《おれかがみてかたのほねみ》身をすくめて、恐れをなして歩くこ

とも、若何成《もしいかなる》事をもし出《だし》てか、君之御大事にも成《なり》もやせんと思ひ而、其耳斗に各々御普代衆有《ある》にあられぬ気伜《きづかい》をし趨廻《はしりめぐる》。拾箇年に余《あまる》

今川の苛敏誅《かびんちゆう》求《きゆう》下、三河では妻子を養育するために、侍も百姓同然に粗末な身なりで働いた。駿河・今川の人たちと聞けば、はっと気を取り直し、這いつくばって腰を折り曲げ、肩身をすくめ、怯えて歩く。

もし粗相をしたら駿府に人質にとられている竹千代君におおごとになって跳ね返るのではないか。それればかり案じて、三河の譜代衆は懸命に気を遣い、今川衆のために十年以上も走りまわったと、のちに『三河物語』に大久保彦左衛門《ひこざえもん》が口悔しさのあまり歯ぎしりするような筆致で描いている。

また、戦になれば、三河衆はいつも最も危険な最前線に配置された。

彦左衛門はこういう。

（度々の合戦に）親を打死させ、子を打死させ、伯父姪従兄弟を打死させ、其身も数多の疵をかうむり

三河譜代は昔から一族郎党を戦で死なせ、野に伏し、泥にまみれ、女子供には食うものも食わせてやれないまま、戦場の草を肉親の血で染める夥しい苦労を重ねてきた、というのだ。

◆つらい中にも学びを得た今川人質時代

とはいえ、今川家は、人質だからといって竹千代たちを苛酷に冷遇しつづけていたとばかりはいえない。

駿府に置かれた三河衆がのべつ爪弾《つまはじ》きにされていたとは、一概に断定できない。竹千代も供の者たちも、のんびり、ゆたかな気持ちで過ごした時間もあったはずである。なんといっても駿府は当時東海道では最も繁栄していたし、京文化も豊富に流入して郷里の岡崎などよりずっと華やかな文化的な都市だった。したがって家康の人質時代は文化万般を学ぶ一種の留学生活だったともいわれている。

また、忍従《にんじゅう》の日々を過ごすことになった竹千代には、一筋の光もあった。

それは実の祖母・華陽院《けよういん》の存在である。

華陽院は名を於富《おとみ》あるいは於満《おまん》であったといわれる（以下・於富）。

出身は近江・佐々木氏一族で、尾張にいた青木式宗の娘とか、三河・寺津城《てらづ》（愛知県西尾市寺津町御屋敷）の大河内元綱《おおこうちもとつな》の娘か養女ともいわれる。尾張の宮野善七郎《みやのぜんしちろう》という人物の娘だともいうが、いずれも証明する史料がなくて詳細がわからない。

若いときの於富は、たいへんな美女であったようだ。

まず、刈谷城の城主・水野忠政に嫁いだ。ここで竹千代の母の於大や水野忠重《ただしげ》など、三男一女をもうけた。

この水野忠政を竹千代の祖父の松平清康が攻略し、講和の条件として於富をもらいうけることを承知させた。二十歳の清康は、かねてから於富の美貌に目をつけていたといわれる。清康との間には、一男一女が生まれた。

そして、清康が「守山崩れ」で横死すると、於富は三河の土豪である星野秋国、菅沼定望《すがぬまさだもち》、川口盛祐《もりひろ》に次々と嫁いだ。川口盛祐との間には男児を一人もうけている。

年齢を重ねても、美しく健康で生命力が旺盛な女性だったのだろう。

が、どの夫も、次から次へと死んでしまった。

於富は今川義元を頼って駿府に入り（理由不明）、天文二十三年（一五五四）ごろ落飾《らくしょく》して源応尼《げんおうに》と名乗り、その後、華陽院と称されるようになった。

庵に住む生活がどのような暮し向きであったかはわからないが、竹千代が人質として駿府に入ったとき、華陽院は義元に竹千代を養育することを願い出てゆるされたという。

娘の於大の息子。

可愛い孫である竹千代を、華陽院は懸命に支え、育てたと考えられる。肩身の狭い環境下でも、竹千代は華陽院の優しさを、全身で享受したに違いない。

華陽院は竹千代（元康）が義元とともに尾張へ出撃していた永禄三年（一五六〇）五月六日、駿府の大河内正房邸で亡くなった。

また、竹千代は今川義元の父・氏親の菩提寺である曹洞宗・増善寺《ぞうぜん》（静岡県静岡市葵区慈悲尾《しいのお》）をよく訪ねたという。

たまたまこの寺の知客（禅寺の客の接待役）である仙隣等膳《せんりんとうぜん》（宗珊ともいう）が三河出身であったから親しくなったようだが、あるとき竹千代が参道で小鳥を捕っていると、通りかかった百姓がこの寺は殺生禁断だ、といって罵りながら鳥黐竿《とりもちざお》を取り上げてしまった。

竹千代は百姓にさげすまれたことを口惜しく感じて等膳に話すと、等膳はむやみに鳥類を殺生することは仏の道に反する、生類を憐れみなさいと教え、これで竹千代はいっそう等膳と親しくなったという。

さらに竹千代は、等膳に、自分は駿府にきているため、父の葬儀にも墓参りもしていない、一度でもいいから三河へ行って先祖の墓参りをしたいといった。

これを気の毒に思った等膳は、密かに竹千代を葛籠《つづら》に入れて地元の百姓・瀬平にかつがせ、石部（静岡県静岡市駿河区）の港まで運んだ。

等膳は自分の父親が持っていた船に竹千代を乗せ、船頭の嶋八右衛門に三河まで運ばせた。岡崎で墓参りを済ませた竹千代は、何食わぬ顔で駿府へ戻った、という。

のちに百姓・瀬平と船頭・嶋八右衛門は諸役を免じられ、田畑をあたえられた。

また、等膳和尚は可睡斎《かすいさい》（静岡県袋井市久能）の住職に任じられ、駿河と遠江、三河と伊豆の曹洞宗を統括する「僧録司」という重職に就き、可睡斎には十万石の格式をあたえて恩に報いたと伝えられる（『可睡斎由緒書』）。

◆人質のまま元服し「松平元信」になる

竹千代は天文二十四年（弘治元年・一五五五）三月、十四歳で元服し、今川義元から一文字もらって「元信《もとのぶ》」と名乗った。

義元がみずから「加冠」し、烏帽子親《えぼしおや》は今川義元の妹の夫で同家の重臣である関口親永《ちかなが》（義《よし》広《ひろ》）である。

親永は、もとはといえば、遠江今川家の流れに属する瀬名《せな》氏貞の次男で、三河・宝飯郡関口郷（愛知県音羽町）を本拠地とする今川家の重臣・関口家に養子に入った人物である。遠江・二俣《ふたまた》城（静岡県浜松市天竜区二俣町）の城主を経て、駿河・庵原郡瀬名村（静岡県静岡市葵区瀬名）を領していた。

竹千代君御年十五にて今川治部大輔義元が許におはしまし御首服を加へ給ふ。義元加冠をつかうまつる。関口刑部少輔親永（一本義廣に作る）理髪し奉る。義元一字をまゐらせ二郎三郎元信と改め給ふ（『徳川実紀』）

そして、翌年の弘治三年（一五五七）正月十五日、元信は十六歳で烏帽子親の関口親永の娘・瀬名を娶った。のちの築山《つきやま》御前であり、このとき同じ十六歳であったとも六歳年上であったともいう。

先に述べた等膳和尚がからむ帰省ではなく、元信となった元服のあとに義元に許可をもらって三河へ戻り、墓参りをしたという。これが正式な里帰りであった。

人質になってから約十年ぶりの帰省で、岡崎の人々はこれをたいそう喜んだ。

元信は先祖の墓に詣でて追善供養を営んだが、当時、岡崎城には今川の山田景隆《かげたか》が城番として在城していた。

しかし、元信は、自分は若輩者であるゆえ「景隆殿は本丸に居られよ」といって自分は二の丸に入り、諸事景隆の指示を仰いだという。

いうまでもなく今川家に対する配慮であり、元信は思慮深く育っていたことがわかる。あとでこれを知った義元は、元信の配慮に感心したという。

このとき祖父・清康の時代から松平家に仕えて財務を担当していた鳥居忠吉《とりいただよし》（関ヶ原の合戦の直前に伏見城に立てこもって玉砕した元忠の父）が、元信を岡崎城の一つの蔵へ案内して招じ入れ、いざというときのために蓄えた大量の銭や備蓄してある米を見せた。

忠吉は覆い隠されているそれらの金品や米は、松平の家臣たちが困窮に耐えて貯めたもので、松平が三河に君臨するときのためにとってあると説明した。「君が一度此城の主とならせ給はんを見参らせて後、命終わらんとこそ神かけて祈り候へ」（『東照宮御実紀』）と泣きながら話し、元信は深く感動して泣いたという。

元信はこのときいま自分が置かれている立場を再認識し、そこから一日もはやく抜け出さなければならないと考えたにちがいない、

そして、永禄二年（一五五九）三月六日、妻の瀬名との間に嫡男・信康《のぶやす》が誕生した。

〔二〕桶狭間の合戦と大高城の兵糧入れ　❖十九歳

◆初陣を飾って「元信」から「元康」に改名する

寺部城（愛知県豊田市寺部町）は明応年間（一四九二―一五〇一）に鈴木重時《しげとき》が居城していたが、その子の鈴木重辰《しげたつ》が永禄元年（一五五八）今川方から離反して織田方に寝返った。

義元は元信の岡崎衆を先鋒にたてて、出陣を命じた。

元信は新婚二十日目であったが、ただちに出陣しなければならなかった。

とはいえ、城攻めをどうすればいいのか、皆目わからないことだった。

なにをどうすればいいのか。

合戦の経験がまったくない元信にとっては、命がかかった大きな「危機」である。

が、元信は意想外の活躍を見せた。

岡崎衆を引き連れて現地に着くと、元信はまず寺部城の城下町に火を放った。

それから外郭を焼き払い、敵兵百余名を討ちとった。

元信（家康）が初陣を飾った寺部城（愛知県豊田市）

大いに利を得て敵を討取らしめ給ふ事百余人、火を郭外に放《はなち》て武威を震《ふるつ》て兵を収め給ふ（『諸国廃城考』）

元信が寺部城の中心部を直接攻撃しないで、まず外郭をすべて焼き払ったのは、この城が高橋郷とよばれる土地を流れる矢作川左岸の台地の上に築かれていて、攻め落とすのは容易ではないと考えたからである。

敵この一城にかきるべからず　所々の敵城より若《もし》後詰せばゆゝしき大事なるべし　先《まず》枝《えだ》葉《は》を伐《た》ち取りて後《のち》本根を断《たつ》べしとて城下を放火し引きとり給ふ（『徳川実紀』）

と判断したからであった。

しかるのちに、元信は寺部城を夜襲・奇襲し、城将の鈴木重辰を城内に押し込め、身動きが取れないようにして初陣を勝利で飾った。

元信はこのあと転進して織田に属する広瀬城、挙母《ころも》城の外郭もすべて焼き払って孤立させてしまった。

まったくの初陣にもかかわらず、大きな手柄であり、元信が指揮してこのように「御心付せたまふこと」は、行くゆくはどれほど名将になることだろうと、酒井正親《まさちか》、石川清兼《きよかね》ら宿老は舌を巻いて大いに喜んだ。今川家の家臣たちも、まだ若い元信のみごとな采配に感心したという。

この寺部城攻めには、松平家の菩提寺である岡崎の大樹寺《だいじゅ》の住職・登誉天室《とうよてんしつ》が衆徒をひきいて応援に駆けつけていた。

登誉以下衆徒たちは「厭離穢土《おんりえど》」「欣求浄土《ごんぐじょうど》」の幟《のぼり》をたてて、元信のために懸命に働いたと伝えられている。そして、これ以降この幟は家康の旗印になった。

元信はそのあと広瀬城、挙母（衣）城、梅坪《うめつぼ》城、伊保《いぼ》城などを攻め落とした。これらも大層手際のいい働きようであったという。

こうした元信の勝利は、義元を大いによろこばせた。

義元は褒美として以前に取り上げていた旧領の山中三百貫の地を元信に返却し、腰刀《こしがたな》をあたえた。

初陣を勝利で飾った元信は、名を元信から「元康」に変えた。

◆今川義元を中心とする東海道の勢力争い

このころの東海道の勢力分布図をながめると、駿河の今川義元が断然強大な力を持っている。名門の血統と文化的な繁栄を誇り、守護大名として確固たる地位を築いていた。

その今川家と対峙して、尾張の織田がその勢力を拡張し、地位を確立しようとしていた。

織田家は元はといえば尾張の守護・斯波《しば》家の守護代だったが、力をつけて尾張に支配権を打ち立てようとしていた。その守護代の家老筋の織田信秀が台頭し、さらにその信秀の子の信長が守護代である織田家を潰して尾張全体を掌握しようとしていた。

文字通りの「下剋上《げこくじょう》」である。

こうした状況下で今川義元は駿河から遠江、三河を抑え、尾張の制圧を目論《もくろ》んで兵を発することにした。

まず、松平元康に寺部城を攻略させた今川義元は、次に大高《おおだか》城（愛知県名古屋市緑区大高町）そして、沓掛《くつかけ》城（愛知県豊明市沓掛町）を獲得した。

どちらの城も信長から離反して今川に寝返っていた鳴海《なるみ》城（愛知県名古屋市緑区）の山口教《のり》継《つぐ》によって、たくみに調略されていたのだ。

しかし、山口教継は信用できないと見て腹を切らせた義元は、鳴海城に駿河先鋒衆《さきてしゅう》の岡部元《もと》信《のぶ》と、兵三千を入れて守らせた。今川はしっかりした足場を構えて腰を据え、着々と尾張を浸蝕、抑圧していこうという戦略である。

対する信長は丹下砦《たんげとりで》（愛知県名古屋市緑区）と中島砦《なかしま》（愛知県名古屋市緑区）、善照寺砦《ぜんしょうじ》（愛知県名古屋市緑区・砦公園）の三つの砦を設置して鳴海城を包囲した。

さらに鳴海城と今川傘下の大高城（愛知県名古屋市緑区大高町）の間を遮断するため、丸根《まるね》砦（愛知県名古屋市緑区）と鷲津《わしづ》砦（愛知県名古屋市緑区・鷲津砦公園）も築いた。

付け城を築く、ということは、信長も長期戦を想定していたということだ。

それに加えて、これだけでは充分だとはいえないと考えた信長は、永禄三年（一五六〇）五月五日に今川領になっていた吉良《きら》（愛知県西尾市）にまで出撃し、一帯に手当たり次第に放火した。

信長は消極的な守りではなく、今川義元を挑発し、攻めの先手を打って機敏さや強さを示したということだ。

吉良を攻撃し、その日のうちに撤退したというから、さほど大きな被害をあたえることはできなかっただろうが、心理的な効果、威圧感をあたえることには成功したと考えられる。

また、この十四日後の、五月十九日が「桶狭間《おけはざま》の合戦」である。

すぐそこまで危機が迫っていることがわかっていながら電撃的な攻めに出た信長の大胆さと不敵さ、機動力の凄さが並大抵ではなかったことがわかる。

◆尾張への大規模侵攻と元康の活躍

永禄三年（一五六〇）五月十七日。

誰もが「海道一の弓取り」と認めていた今川義元が駿府城を発し、駿河・遠江・三河の軍勢二万五千（四万ともいう）を率いて尾張・沓掛（愛知県豊明市）に侵攻した。

義元はまずこの沓掛に陣を置いた。

同じ五月十七日。

今川軍の先鋒の一翼を担って出陣していた元康は、坂部城（阿久比城・愛知県知多郡阿久比町大字卯坂）を訪ねていた。三歳のとき生別した生母・於大がこの城の城主・久松俊勝に再嫁していたからだ。

十六年ぶりに会った於大と元康は、

互に年頃の御思《おんおも》ひのほど（中略）な（泣）きみわら（笑）ひみ語らせ給ふ（『東照宮御実記』）

という。

其（於大の）傍に三人並び居し男子を見給ひ　これ母君の御所生なりと聞し召し　さて

は異父兄弟なればとて直《すぐ》に御兄弟の列になさる　是後に因幡守康元　豊前守康俊　讃岐守定勝といふ三人なり（『徳川実紀』）

という。

元康は母が久松家に再嫁してから生んだ異母弟たちとも面会したということだ。

短時間の滞在ながら、元康（家康）にとって、坂部城における母との再会は生涯忘れられない記憶となったに違いない。

翌日の五月十八日、義元は元康に鵜殿長照《うどのながてる》（義元の妹婿）が守っている最前線にある大高城に「兵糧入れ」（補給作戦）をせよと命じた。

大高城は南北三三メートル、東西一〇六メートル、標高二〇メートルほどの切り立った台地で、本丸、二の丸、曲輪を備え、二重の堀に囲まれた堅固な城だが、その大高城内の食糧が尽きかけていた。

しかし、まともに米を運び込もうとすれば、信長方の鷲津砦と丸根砦からただちに攻撃されることは目に見えていたから、今川衆のなかにはこの難しい食糧補給の仕事を請け負う者がいなかった。

そこで、義元は使い勝手のいい三河衆にその難しい仕事を押し付けたということである。

元康（家康）が兵糧入れを行った大高城

難事業を引き受けた元康は、巧妙な手を使った。兵の一部を裂いて信長方の寺部城と梅ヶ坪《うめがつぼ》城（梅坪城・愛知県豊田市梅坪町・遺構は消滅）を突ついたのである（丸根砦、鷲津砦ともいう）。

寺部城も梅ヶ坪城も大高城から五里（二〇キロメートル）ほど尾張領内の奥にある。

その元康軍の動きを見て、信長方の鷲津砦、丸根砦から寺部・梅ヶ坪救援の兵が加勢に駆けつけてくる。

陽動作戦で駆けつけた兵を引きつけている間に、元康は大急ぎで反転し、囲みが手薄になっている大高城へ、百五十頭の馬に積んだ四百五十俵の米を迅速に搬入してしまった（『改正三河後風土記』）。

後世まで「大高の兵糧入れ」と称讃されることになる元康のあざやかな采配であった。

同じ十八日の夜、信長のもとへ、鷲津砦の佐久間盛《もり》重《しげ》と織田秀敏《ひでとし》から、十九日朝になったら今川軍が攻めてくるという確実な情報を得た、という連絡が入った。

信長はその連絡を受けても、具体的な作戦を立てようとしなかった。

家老たちと雑多な世間話をしただけで「夜もふけた。帰宅していいぞ」と退出の許可を出した。

家老たちは「運がつきると知恵の鏡もくもるというが、まさに今はそのときだ」と語り合い、信長の無為無策を嘲笑しながらそれぞれ帰った。

予想した通り、十九日の夜明けに再び佐久間盛重と織田秀敏から「鷲津山と丸根の砦が今川軍に攻撃されています」という連絡が入った。

このときのことだ。

信長は『敦盛《あつもり》』の舞を舞った。


人間五十年、下天《げてん》の内をくらぶれば、夢幻の如く也《なり》、一度《ひとたび》生を得て、滅せぬ者の有《ある》べきか

と歌いながら舞い「法螺貝《ほらがい》を吹け、武具を」というと、鎧を着け、立ったまま食事をし、兜をかぶって出陣した（『信長公記』）。

鷲津砦は圧倒的な今川軍に蹂躙され、織田秀敏と飯尾定宗《いのおさだむね》が戦死した。

あっけない敗北であった。ただし城将の一人である飯尾尚清《ひさきよ》はなんとか生き延びて逃げ、このあと信長の赤母衣衆《あかほろしゅう》の一人に加えられた。

同じ時刻、元康は大高城の八百メートルほど東に築かれた丸根砦を急襲していた。

鳴海から延びた丘陵の尖端にあるこの砦の周囲には、幅二間の堀がめぐらされていた。砦は信長の弟・信勝の家老だった佐久間盛重が守っていた。盛重は早くから信長についていたのだ。

が、なにせ兵が少なくて、元康の三河兵にはかなわなかった。

瞬間的に激戦に突入し、城兵は元康の鉄砲隊に全滅させられることになった。

元康は盛重の首を今川本陣に送った。

義元は大喜びし、それまで大高城は鵜殿長照が守っていたが、元康を入れることにした。

丸根砦を攻略したのが十数年前に熱田の豪商・加藤家や萬松寺で会ったことのある六、七歳の竹千代が成長した松平元康であることを知った信長は、どんな感慨を抱いたことだろう。

そして、十九日早暁、立ったまま朝食を食べた信長が鎧を身につけているころ。

丸根砦を攻め落とした元康は、義元の命令で兵糧を入れた大高城に入って人馬を休ませた。

足もとを固めた義元は、沓掛から進軍を開始した。

義元の大軍がおしよせてくることがわかっていたが、周囲の者には、信長はなにも考えていないように映った。最終的な決戦をどうするか、手の内をあかさなかったのだが、信長にはもう打つべき手がない、と思われていた。

だから、周囲の者には、信長がなにを考えても意味がないと考えているように見えた。

『武功夜話』によれば、蜂須賀小六《はちすかころく》と前野長康《ながやす》に、

この人数をもって相分け、国境に布陣、野陣に駆け廻し百に一つの勝算ある哉。案の外なり。汝等野にある者に似合わず、その言を聞く耳なし。大軍を迎え五、三日相支之候とも加勢なお甲斐なき事。清洲までは半日、山なく大河無く、無手の籠城は一層不甲斐なし。この期に望み、何の行《てだて》の因、所詮は労あって益なし

といって「呵々大笑なされ候」という。

とにかく、大軍が攻めてくる。国境に布陣しても、野戦でぶつかっても、勝算は百に一つだから、考える意味がない。三日か五日持ちこたえても、仕方がない。

清洲までは、途中に防衛拠点になる山も大河もないから、半日もあれば清洲まで攻めてくる。籠城は不甲斐ないし、もはやなにを考えても労するだけ無駄というものだ、といって信長は呵々大笑《かかたいしょう》したというのだ。

小六も長康も、信長の真意をはかりかねて、だまって平伏していた。

つまり、今川軍が三河に入ったときには、信長の胸のなかではとっくに「奇襲」を決意していたということである。

小六と長康に尾張と三河の国境の細作《さいさく》（偵察）を命じたそのあと、今川軍が織田方の砦を包囲し、援軍の要請があっても、信長は動かなかった。一門衆が早く指図してくれ、陣触れを出してくれと頼んでも、信長は答えもしなかった。

信長の肚は決まっていた。


備えず構えず機をはかって応変《おうへん》。すなわち間合いこそ肝要なり。人間生涯五十年、乾坤《けんこん》の機を窮い（『武功夜話』）

その「機」を鋭く刺す。

臨機応変。

どんな小さな隙でも決して逃さないで、その一点を鋭く貫くような「間合い」を狙う。誰にもなにも打ち明けず、信長は乾坤一擲《けんこんいってき》の勝負でいくしかないと決めていたのだ。

◆信長、ついに出撃する

出撃した信長のあとを追ったのは小姓衆だった。岩室長門守《いわむろながとのかみ》、長谷川橋介《きょうすけ》、佐脇良之《さわきよしゆき》、山口飛騨守《ひだのかみ》、賀藤弥三郎ら五名で、主従六騎は一気に三里を駆け、熱田に着いた。

以下『信長公記』に従って話を進める。

辰の刻（午前八時ごろ）に上知我麻《かみちかま》神社（源大夫殿宮）の前に着き、そこから東の方を見やると鷲津砦、丸根砦が落ちて炎上する煙が見えた。

このとき、信長のもとへ駆けつけた兵は二百ほどになっていた。

海岸沿いの道を走れば、距離が近いけれども、満潮で道が駆け難くなっていたので、熱田から内陸部の道を飛ばし、まず丹下砦へ行き、続いて佐久間信盛《のぶもり》が守っている善照寺砦へ行って改めて兵を集合させ、陣容を整えて戦況を分析した。

午の刻（正午ごろ）今川義元は桶狭間山（愛知県豊明市・名古屋市緑区）で人馬を休息させていた。

この桶狭間は、元康の母・於大の異母兄・水野信元の家臣である中山勝時《かつとき》（本能寺の変のとき織田信忠とともに討死）の領地である。

そして、義元は鷲津、丸根両砦を攻め落とし、まことに満足、ということで、気分が高揚していた。謡を三番うたった。

桶狭間古戦場公園にある織田信長像（愛知県名古屋市緑区）

桶狭間古戦場（愛知県豊明市）

信長が善照寺砦に入ったので、佐々《さっさ》政次《まさつぐ》（佐々成政の兄）、千秋《せんしゅう》季忠《すえただ》は勇躍して三百ほどの兵をひきいて今川軍に攻めかかった。

すると今川勢はどっと攻めて佐々・千秋をはじめ五十騎ほども返り討ちにされてしまった。気ばかりはやった無謀すぎる勇み足だった。

義元はこれを見ていよいよ上機嫌になり「義元が戈先《ほこさき》には天魔鬼神も忍《たま》るべからず。心地よし」と喜び、悠然として謡をうたっていた。

こうした状況を勘案し、信長が全軍を中島砦へ移動しようとしたところ、まわりの重臣たちは両側が深田になっていて、もし田に落ちたら動きがとれないといった。一列縦隊になって一騎ずつしか進めない道を行くべきではない。おまけにこちらの兵力が少ないということが敵にはっきり見えてしまう道ですと、信長の馬の轡《くつわ》の手綱をつかまえて止めた。

しかし、信長はそれを振り切り、中島砦へ移ってこういった。

「各々よく聞け。今川勢は前の日の宵に兵糧を食べ、夜っぴて進んできて大高城へ兵糧を居れ、鷲津砦、丸根砦で働いて、疲れ切っている。しかし、こちらは新手だ。小軍だといって大敵を怖れることはない。運は天に在りという言葉を知らないのか。敵がかかってきたら退け。退いたら押して出ろ。徹底的に稠《ねり》倒し、追い崩すのだ。金目のものがあっても分捕ろうなどと思うな。打捨てておけ。勝てば戦った者は家の面目、末代まで名を轟かせることができようぞ。各々ただ励め」

ちょうどそこへ前田利家、毛利河内、木下雅楽助、中川金右衛門、佐久間弥太郎などなどがそれぞれ自分のとった首をさげてきた。

信長はこれらの者にも右の趣旨を話して聞かせた。

そして、山際まで軍勢を寄せたときだ。

俄《にわかに》急雨《ムラサメ》石氷を投打様《なげうつよう》に、敵の輔《ツラ》（顔面）に打付《うちつく》る。身方（味方）は後の方（背中）に降りかゝる

まさに信長が待っていた瞬間だった。

激しい驟雨《しゅうう》が敵の顔面に当り、自軍の背中を強く押すような雨。

今だ。

まさに今。

◆一瞬の好機に全力でかかる

この一瞬をおいて好機はない、と信長は判断した。

「すなわち間合いこそ肝要なり」「乾坤の機」とはこの一瞬のことであった。

空晴るを御覧じ、信長鑓をおっ取《とっ》て大音声《だいおんじょう》を上て、すはかゝれくと被仰、黒煙立てゝ懸《かか》るを見て水をまくるが如く（今川軍は）後ろへくはつと崩れたり。弓・鑓・鉄砲・のぼり（幟）、さし物（指物・標識の旗）、算を乱すに異ならず

信長がかかれ、かかれと大声でわめき、二千の兵たちが激しく襲いかかった様子が「黒煙立てゝ懸る」という表現によくあらわれている。

今川の兵たちは義元が乗っていた朱塗りの輿を捨てて、潰走《かいそう》した。

信長はさらに義元の旗本はあれだ、あれへかかれ、と下知《げち》した。

義元を中心に置いて三百騎ほどが円陣をつくって守っていたが、二度三度、四度五度攻め、今川軍は次第に人数が少なくなっていった。

未の刻（午後二時ごろ）に、東に向って攻撃した。

信長も馬からおりて若武者と競うように敵を突き伏せ、突き倒した。

興奮した若武者どもは乱れかかり、鎬《しのぎ》を削り、鍔《つば》を割り、火花を散らし、火焔《かえん》を降らせる。

混戦乱戦になっていても、敵味方の区別は指物の色で判別できた。

ここで信長の馬廻《うままわり》、小姓衆の負傷や戦死者はあまりに多くて数が知れないほどだった。

ついに服部小平太《こへいた》が義元に打ちかかり、義元に膝口を斬られて倒れ伏した。が、毛利新介《もうりしんすけ》が義元を斬り伏せ、首を挙げた。

今川勢は、運が尽きて壊滅状態に陥り、四分五裂して潰走した。

桶狭間は地形が狭く入り組んだ場所で、深田に足をとられるし、草木も高く低く繁っていた。深田にはまりこんで這いずり回っている敵に信長軍が追いついては襲いかかり、二つ、三つと首を持って信長の前に来た。

信長は「首はいずれも清洲にて実検する」といい、義元の首をながめて「御満足斜めならず」という。

義元の首を馬の前に揚げさせ、信長は急いで帰陣し、まだ日の高いうちに清洲城へ帰りついた。

翌日首実検をすると、首は三千以上もあった。

また、信長は、義元が使っていた鞭《むち》と弓懸《ゆがけ》（弓を射るときの革の手袋）を持っている下方九郎左衛門・林阿弥という同朋を生捕りにしたことを「近ごろ名誉な手柄である」とたいそう喜んで褒美をあたえ、ご機嫌だった。

そして、その下方に首を検分させ、見知っている者がいたら名を書きつけさせ、金銀飾りの太刀と脇差を褒美にあたえて十人の供の僧をつけ、義元の首を駿河へ持って帰らせた。

これらは『信長公記』に書いてある話だが、義元の首は、鳴海城にいた駿河先方衆の岡部元信に渡したともいわれる。義元が討ち取られたあとも鳴海城は抵抗し続け、岡部元信は信長が差し向けた軍勢に頑強な抵抗を続けて悉《ことごと》く退けた。

織田軍は手を焼いたのだが、岡部元信は鳴海城を開城するから義元公の首を渡せと申し入れた。

信長は岡部元信の武勇と忠誠心に心を打たれて、義元の首を丁寧に送り届けた。

岡部元信は棺に納めた首を輿にのせて駿府へ帰っていったという。

首を一介の同朋に持たせたというより、しかるべき将に預けたというほうが礼に叶っているし、自然だと思われる。

この桶狭間の戦いは、奇襲ではなく今川二万五千と織田五千が正面から真艫《まとも》に激突した合戦であったともいうし、昼間ではなく、実は夜襲であったともいわれる。

其身は桶狭間に着陣し　陣中酒宴を催し勝ほこりたる　其夜信長暴雨に乗じ　急に今川が陣を襲ひけるにぞ義元あへなく討たれしかば　今川方大に狼狽し前後に度を失ひ逃け帰る（『徳川実紀』）

たしかに、夜襲であったかもしれない。

今川軍が調子にのって酒宴をひらいているところを夜の闇に乗じて奇襲すれば、義元の首を容易にとることができた。その方が現実感《リアリティ》があるように感じられる。

◆義元の死によって「岡崎城」に帰る

義元は桶狭間で信長の電撃的な奇襲によって、首をとられた。

義元戦死の報は、同日夕刻には大高城にいた元康にも届いた。

母・於大の異母兄・水野信元は信長陣営に属していたが、配下であった浅井六之助（三河国碧海郡箕輪村・愛知県安城市の土豪）が報せてきた。

翌日、地の利に明るい浅井六之助が大高城を捨てた元康の退却の案内をした。

元康は浅井に松明を持たせて先導させ、騎馬を十町ほど先に立てて歩行《かち》の兵たちには松明を持たせなかった。

道々一揆の者らを追い払いながら池鯉鮒《ちりゅう》（知立）経由でまったく無傷のまま、岡崎までもどることができた。

そして、直接岡崎城に入らず、元康は大樹寺（愛知県岡崎市）に入った。

慎重に岡崎城の様子を窺うと、駐屯していた今川軍は全て撤退してしまっていた。

元康は「捨て城ならば拾はん」といって岡崎城に入った。五月二十三日のことである。

静かに月出つるを待ちてその城（大高城）を出で給ひ　三河の大樹寺まで引とり給ふ
岡崎城にありし今川方の城番等は義元討死と聞きて取る物もとりあへず逃去りければそ
の儘城（岡崎城）へ入らせ給ふ　君八歳の御時より駿府に質とせられ他の國にうき年月
を送らせ給ひ　今年永禄三年五月廿三日。十七年を経て誠に御歸國ありしかば國中士民
悦ぶ事限りなし（『徳川実紀』）

という。

六歳のとき銭千貫文で売り飛ばされた竹千代が、自分が生まれた根拠地を取り戻し、人生の夜明けを迎え、覇者への遠く長い道のりの第一歩を踏み出したのである。

それは、翌年の永禄四年四月に反・今川の姿勢をはっきりさせたことからはじまった。

松平家歴代の居城・岡崎城

岡崎城・大手門

〔三〕清洲同盟と一向一揆　❖二十三歳

◆主なき三河の統一と今川氏真への失望

桶狭間の合戦のあと、岡崎城へ帰還してこの国を統べる戦国の王、ただ一人の覇者になるまでの遠い遠い道のりの第一歩を踏み出した元康は、まず足もとの三河における勢力の充実拡大のために、尾張・織田の勢力圏にある城に出兵しはじめた。

松平氏の長として三河を統一し、みずからが統治したかったからである。

それは、松平氏の配下にあった家臣たちが切望していたことでもあった。

が、元康がもどった三河、それまで主がいなかった三河の現実は、昏迷をきわめていた。

東三河（豊川の流域一帯）は、義元亡きあとも尚、今川氏真《うじざね》に占拠されている状態である。

西三河は、尾張の織田信長の勢力が入ってきている。

南三河（幡豆《はず》郡の平野部一帯）は、古くからの吉良一族が勢力を張っている。

北三河（山岳地帯）は、小豪族が食い合いしながら割拠している。

国の東西南北の全地域で、割拠しているそれぞれが抗争を展開していた。

元康はこれをすべておさえて一つにまとめて支配したかった。

信長は今川から解放された段階で元康は織田側につくと考えていたが、元康が今川方についたので、意外に思っていたようだ。

そして、一方の元康は、次第に四歳年上の今川氏真に失望しはじめていた。

頼りにしたり、同盟したりするにしても、氏真は義元の仇を討とうともしないばかりか、ろくでもない側近に囲まれて空しく日を過ごしているばかりだった。

> 君（元康）は岡崎へかへらせ給ひて後も擧母　梅津の敵と戦ひ拂楚坂　石瀬　鳥屋根　東條等にて織田方の勢と攻めあひ力をつくし給へば　信長も思ひの外の事とぞ思はれける
> 義元の子上總介氏眞は父の讐とて信長に恨を報ずべき手立もなさず寵臣三浦（義鎮）などいへるものゝ佞事をのみ用ひ空しく月日を送るを見て（『徳川実紀』）

氏真は、自身に将としての能力が備わっていなかったこともあったが、義元時代の優秀な重臣である由比《ゆい》正信《まさのぶ》や一宮宗保、あるいは国人衆では松井宗信《むねのぶ》や井伊《いい》直盛《なおもり》などが桶狭間で討死にしてしまったため、駿河が四分五裂状態になってしまうことを抑えてまとめることができなかった。

氏真は人心を掌握できないまま、領内で離反や抗争が起こるなどして次第に失速状態に陥り、ついには駿河国を滅ぼしてしまうだろう、と元康は考えた。

結局、もう今川家などには気兼ねする必要がない、と判断するに至り、元康は手始めに、信長と同盟していた水野信元と石ヶ瀬《いしがせ》（愛知県大府市若草町）や刈谷で戦いを展開した。

水野信元はすでに述べたように元康の母・於大の方の異母兄で、今川義元が討死にしたことを知らせてきた人物だが、かねてから信長に帰属していたから戦うことになった。

信長は対抗上、永禄四年（一五六一）四月上旬、三河領の梅ヶ坪城を攻撃した。

信長軍は三河衆を圧倒し、麦畑を踏み潰したが、そのあと双方ぶつかり合って混戦となった。

信長の家来の平井久右衛門《きゅうえもん》はみごとに弓上手な男で、この戦いのとき高い技術で弓を射たから、これは三河側からも褒められ、矢を贈られた。信長も、褒美として豹の弓入れと葦毛の馬をあたえた。

さらに信長は、高橋郡（愛知県豊田市高橋町・美里）に片っ端から放火し、麦畑を薙ぎ払った。

野営をしながらひきつづき信長は加治屋村（愛知県）に放火し、伊保城（愛知県豊田市保見町）と矢久佐《やくさ》城（愛知県豊田市）を攻め、ここでも麦畑を薙ぎ払った。

信長はこれらの戦の一ヶ月後には加茂郡（豊田市全域）に乱入し、今川にも織田にも属したことがない土豪・内藤氏の挙母《ころも》城（七州城・愛知県豊田市小坂本町）を攻略した。

◆「清洲同盟」成立と妻子殺害の危機

この挙母城の攻略はさほど有名な合戦ではないが、乱世の日本に大きな影響をあたえてゆくことになった。

それは、この挙母城攻めを契機に、西加茂一帯、巴川以西を確保できた信長と、その動きを静観していた元康の間に和議が模索されることになったからである。

というのは、ひとつは先の水野信元が、信長に三河の元康と和睦することを進言し、信長がこれを承諾したから、元康を説得した。

また、もうひとつは、水野信元と元康が戦っていたとき、信長が元康の宿老である石川数正《かずまさ》のもとへ滝川一益《たきがわかずます》を使者に立てて和睦を申し込み、数正がこれを元康に伝えると、元康も承諾して同盟話が進められることになった。

この二つの案が時を同じくして進められたから、下打ち合わせがはじまった。

織田側から林秀貞。

松平側からは石川数正。

どちらも両家の重臣である。

両者が鳴海城で談合し、まずは、尾張と三河の国境線の策定が行なわれた。

そして、この会談が翌年に成立する織田・松平の「清洲同盟」の叩き台になり、永禄五年

（一五六二）正月十五日に元康が清洲城へ赴き、信長と手を組むことになったということだ。

信長と元康。

この先二人は協力して天下取りを目指すことになったのだ。

清洲同盟が成立したとき、信長は両家の旗を立てて天下を取り従わせよう。信長が天の恵みを得て天下を統一したら、君は信長の旗のもとに来ることになるが、君がもし天下統一の勲功を挙げたなら、信長は君の旗の下へ参ろうといったという。

信長と同盟した二十一歳の元康は、このときから本能寺の変で信長が死ぬまで、二十一年間、実に律儀《りちぎ》に、信長に忠実過ぎるほど忠実に命令に従い、謹直《きんちょく》律儀に従属しつづけた。

それは、幼い竹千代のころ、熱田で信長と出会ったときの記憶がそうさせたのではなかったか。

このころ木下藤吉郎（のちの豊臣秀吉）は織田家の裏方、下積みで、まだ表立った活躍ができるような地位に昇っていなかった。

が、元康は大きな問題を抱えていた。

まだ重大な「危機」が残っていた。

空になった岡崎城に入って三河独立の一歩を歩み出したのはいいが、妻の瀬名と四歳になる息子の竹千代（信康）と、三歳の長女・亀姫《かめひめ》の三人を、駿府に残したままになっていたことで

清洲城（1970 年撮影）

ある。これをなんとか無事に取り返さなければならないが、どうにも手立てがなかった。

義元の後継者である氏真は、元康が信長と清洲同盟を結んだことを知ると、ただちに三人を殺そうとした。

が、瀬名の母親である義元の妹が、三人の命を守った。氏真は叔母には楯突けなかったのだろう。

これをさらに、瀬名の母親の夫の関口親永がかばっていた。

とはいえ、何かの拍子に氏真が瀬名や子供たちを殺してしまう危険がいつもそこにあるという状態である。

清洲同盟を結んだ二ヶ月後の永禄五年（一五六二）三月、元康は西三河にある上ノ郷《かみのごう》城（愛知県蒲郡市）を攻撃した。城主は鵜殿長照《うどのながてる》である。

鵜殿長照は義元の妹の子で、氏真とは従兄弟という近しい間柄にあった。だからこそ桶狭間の敗戦のあとも松平家の勢力圏内に踏み止まっていたということだ。

が、上ノ郷城は守りが堅く、容易に攻略できなかった。

戦さ上手の元康は甲賀の忍者を使った。

多羅尾光敏《たらおみつとし》、伴盛景らを城中に忍び込ませて放火させ、混乱したところへ兵を討ち込ませた。

長照は腹を切り、城は落ちた。

そして、元康は長照の子である氏長《うじなが》・氏次《うじつぐ》兄弟を捕虜にした。

これは、大きな収穫であった。

元康は、石川数正を駿府へゆく使者にたて、今川家と交渉することにした。

数正は駿河で人質として抑留されているまだ幼い若君（竹千代・信康）が一人で自刃するようなことになったら供の者のいないことで、さぞしょげておられるに違いない。われらが駿河へ行って若君の最期のお供をしましょう、と申し出たのだ。

その度胸と覚悟に皆驚いた。

「貴賤上下感ぜぬ者も無」（『三河物語』）という。

そして、数正は駿府へ行き、元康の妻・瀬名の父・関口親永（義元の妹婿）と談合し、氏真に掛け合って、氏長・氏次兄弟と元康の妻子の交換を成功させたのである。

それには、娘と孫が可愛い関口親永夫妻が尽力したことはいうまでもない。

これで、数正は格好よく岡崎に凱旋した。

若君を鞍の前に乗せ、八字髭《はちじひげ》を反らせ、胸を反らせてもどってきたから、みな迎えに出た。

「何たる物見にも是に過たる事はあらじ」と、上も下も大喜びした。

得意満面の数正は、氏真は阿呆だ、竹千代君と鵜殿の子たちを交換するとは間抜けにもほどがあろうよといったという（『三河物語』）。

ただ、娘と孫を岡崎へ返すことに尽力した関口親永はのちに氏真に切腹させられてしまった。

また、あとで述べるが、この人質交換で並々ならぬ交渉力・外交力を発揮した石川数正は、のちに家康のもとから秀吉のもとへ出奔するという大事件を起こす。

◆新たな政治権力に抗う一向衆徒たち

駿府から岡崎に移った元康の妻・瀬名は、以後、築山御前（築山殿・駿河御前）と呼ばれることになる。

築山御前は岡崎城内ではなく岡崎市中の総持尼寺（愛知県岡崎市康生通南町）に住まった。

築山御前を家康の母・於大が嫌ったためだ。彼女は今川の者だから岡崎城に入ることは許さない、という理由である。家庭のなかの嫁と姑の戦争（？）もタイヘンである。

あるいは、元康が今川と手切れになったので、離縁されたからだともいわれる。夫婦の仲が冷えてしまったということもあったかもしれない。

永禄六年（一五六三）三月、駿府から岡崎へ連れ戻された竹千代（信康）と信長の長女・五徳が婚約した。いうまでもなく清洲同盟を一層堅固な連携にするためである。

そして、この年の七月六日、二十二歳の元康は「家康」と改名した。

元康は駿河の今川義元から拝領した「元」の字を捨て、新しい「家康」を名乗ることによって、今川家とは完全に無関係になったと内外に知らしめたのである。

ほっと一息入れるまもなく、それからわずか二ヶ月後の、九月のことである。

家康の大きな試練といわれる「三河の一向一揆《いっこういっき》」が勃発した。確かに大きな試練であるが、それは大きな「危機」であったともいえる。この先家康に襲いかかる「三方ヶ原の合戦」と「伊賀越え」とともに「家康三大危機」といわれる人生の大事件であった。

「一向宗」とは親鸞を宗祖とする浄土真宗のことである。

三河には寛正年間（一四六〇～六六）に本願寺八世の蓮如《れんにょ》が布教活動を行なった。そのころ強大な権力者がいなかった三河の民衆の心に、一向宗はたちまちのうちに染み込んでいった。

わけても下層武士、名主、小作農たちが門徒（一向宗徒）となって信仰集団を形作った。門徒には、国人衆の家臣や松平家の家臣たちも数多く加わっており、彼らは教権を築きあげていた。三河は土着性が強く兵農分離が進んでいなかったことも事件を複雑にした。

一揆の中心となっていた本願寺の有力末寺が「三河の三ヶ寺」である。

野寺《のでら》の本證寺《ほんしょう》（愛知県安城市野寺町）
佐崎《ささき》の上宮寺《じょうぐう》（愛知県岡崎市上佐々木町）
針崎《はりさき》の勝鬘寺《しょうまん》（愛知県岡崎市針崎町）

これに加えて中郷《なかのごう》の浄妙寺、本郷の正法寺《しょうほう》、長瀬の願正寺、平坂《へいさか》の無量寿寺《むりょうじゅ》を加えて「三河の七ヶ寺」ともいわれていた。すべて矢作川流域の平野部にある寺々であり、どの農村にも末寺や道場が設けられて、門徒たちにその教義を広く深く浸透させていた。

そこへ、家康が松平家の政治的な支配力を及ぼしてきたから、これは対立し、摩擦し、摩擦熱が発生し、正面衝突して火が燃え上がる、ということになった。

◆一向宗の「治外法権」に立ち向かう家康

一揆勃発の理由はいくつかある。

まず、家康が今川と手を切ることに反対していた上野城の酒井忠尚（忠次の兄・伯父ともいう）を、今川に内通していると疑ったことだ。そのため、家康が酒井忠尚との戦に備えて兵糧米を備蓄しようとしたことにはじまる。

家康は家臣の菅沼貞顕に、佐崎の上宮寺から干し籾《もみ》を兵糧米として強制的に徴収させようとした。

しかし、上宮寺は菅沼の要求を拒否した。

家康の父・広忠からあたえられていた「守護不入《しゅごふにゅう》」の権利を主張したのである。

「守護不入」の権利とは、簡単にいえば治外法権のことである。

「寺中」に犯罪者が逃げ込んでも、捕縛できない。司法権を行使できないのである。

また、何人も「寺中」は年貢、諸役を免じられる、つまり徴税できないという特権である。

小なりといえども、宗権がすべてを支配する独立国である。

だが、菅沼は武力を持って寺側を脅かしたとも、無理やり兵糧米を強奪したともいう。明らかに「守護不入」の権利の侵犯である。

対する上宮寺は、門徒の百姓、武士たちに家康に対する抗戦を呼びかけ、野寺の本證寺と針崎の勝鬘寺と連携し、直ちに蜂起した。

菅沼はこれを西尾城（愛知県西尾市錦城町）の酒井正親に相談した。

正親は使者を立てて寺側を説得しようとしたが、僧も門徒衆もこれに応じず、使者を斬殺してしまった。

家康はそれらの僧徒を捕らえた。

ということは、家康は「守護不入」の特権を犯したことになり、門徒衆は一揆に踏み切った。

それから野寺の本證寺の境内に鳥井浄心という商人と岡崎の侍との揉め事から一揆の火がついたともいう。一揆が門徒教団の寺々のなかで最上位であった本證寺から勃発したといわれるから、この揉め事が契機になったのであったかもしれない。

いずれにせよ「守護不入」を盾に治外法権を誇ってきた寺院側にとって、菅沼の籾の強制収奪は許し難い行為であった。

だが、一方の三河の統一を目指す家康からすれば、領内に深く根を張り、領国形成や家臣団結に抵抗してくる一向宗との対決は、どうしても越えなければならない障壁だった。

とにかく家康の本拠地であった西三河における戦国の社会的な動揺と貧困の増大で急速に進展した一向宗の勢力は根強いものがあり、家臣のなかにも農村に土着している者が多く、宗徒となっているものがたくさんいた。

本証寺の荒川義広《よしひろ》・大津半右衛門《はんえもん》、上宮寺の倉地平右衛門、勝蔓寺の蜂屋半之丞《はんのじょう》などである。

◆一揆勢には家康の家臣もいた

この一揆の特徴は、反・家康勢力の家臣団が加わっていたことで、今川氏の武将で家康に降伏した東条《とうじょう》城主の吉良義昭《よしあき》、大草《おおくさ》城主の松平昌久、上野城主の酒井忠尚および本多正信・高木広正《ひろまさ》・鳥居忠広《ただひろ》などがつづいた。

また、これらの家臣の中には、今川氏真に通じているものも多く、家康の親・織田政策に反対する者もあれば、家康にとって代わって三河の覇権を握ろうとする者もいたから、事態は複雑な様相を呈した。

そのため、永禄六年（一五六三）九月に勃発した一向一揆は、以後七年三月までの約半年間、西三河の碧海郡・幡豆郡・加茂郡・額田郡の四郡に渡って激しく繰り広げられることになった。

一揆、といっても、ムシロ旗を立てた群集が叫びながら押し寄せるという程度の一揆ではない。

教団は多くの僧兵を抱えていたし、矢作川流域の流通で大きな利益を上げていた。とくに上宮寺は水運業を営んでおり、矢作川をはじめ伊勢湾、木曽三川、南伊勢に及ぶ商圏を持って相当な利益をあげていた。

したがって、一揆軍はしっかり武器を備え、家康軍と充分に戦える武装集団であったと考えるべきだろう。

十一月二十五日には、針崎の勝鬘寺の一揆が岡崎を攻めようとして小豆坂を出て、家康の軍勢と戦っている。

とはいえ、一揆勢のなかの松平家の家臣は、いつもとは違う合戦に戸惑っていた。なにせ戦う相手が自分の主君・家康である。

小豆坂の合戦では、一揆の大将格であった蜂屋半之丞は、家康の姿を見ると、思わず逃げ出してしまったという。

半之丞は水野忠重に対して「主君の渡らせ給う故逃ぐるぞ、其方の為に逃ぐる事あらん」といい、家康のいないところでだけ活躍したという。半之丞の行動と心情を吐露する言葉は、敵対していた家臣たちの心が現世の利益と信心に引き裂かれていた苦悩と葛藤を象徴的に表している。

明けて永禄七年（一五六四）一月十一日、土呂《とろ》・針崎の一揆八百余人が大久保忠俊の上和田城に攻め寄せ、大久保党との激戦が行われた（上和田の戦い）。

その戦いには家康自らも救援に出陣し、続いて一月十三日にも戦いがあった（『三宗一向宗乱記』）。この戦いでは家康は鉄砲で撃たれ、鎧に弾丸が二発食い込んだ。危ういところを一揆側にいた家臣の土屋忠吉が寝返って、家康を守るために一揆軍に突撃して死んだと伝えられている（『徳川実紀』）。

つづいて家康は針崎攻めを敢行し、激戦になった。

家康も一揆軍も陣を引きあげたが、家康はすぐ野場《のば》の古い城（愛知県額田郡幸田町）に籠城した一揆軍を攻めさせ、指揮者の夏目吉信《よしのぶ》を捕らえた。この夏目吉信はのちの三方ヶ原の合戦のとき、家康のために命を賭けて戦うことになる。

二月に入ると、刈谷の水野信元も参戦し、家康に和議を勧めた。三日には上宮寺の軍勢と戦い、十三日には針崎へ物見に出た者たちが掃討された。また、小豆坂でも針崎・土呂の一揆軍と戦った。

が、やがて一揆側から次々と家臣が家康に帰投しはじめた。

そして、一揆勢は力を失い、ついには家康に和議を申しこんだ。吉良義昭、酒井忠尚、荒川義広らはどこかへ逃亡して消え、再び三河へ帰らなかった。松平家次は降伏し、三河の一向一揆の火はようやく鎮火された。

信仰と武力が一つになると始末に負えない巨大な勢力になり、まったく統制できなくなることを、家康は身をもって思い知らされた。この危機を乗り越えたことが、後々徳川幕府の宗教政策の指針を決める貴重な体験になったといわれる。

◆和議の成立と厳しい戦後処理

話し合いは二月二十八日、土呂の本宗寺《ほんしゅう》（上和田の浄土宗・浄聚院（成就院・浄珠院ともいう）で行われた。

家康側からは本多忠世《ただよ》（彦左衛門の兄）らが出た。

一揆側からは針崎の勝鬘寺にいた大将格の蜂屋半之丞らが応じた。

家康は門徒側に次のような条件を提示した。

一、一揆に加担したものの本領を没収しない。
一、首謀者を殺さない。
一、寺道場や信者、僧侶は元のままに据え置く。

門徒側はこの条件をのみ、和議が成立した。

しかし、家康はこうした約束を、まったく守らなかった。

儒教的な信義など、どうでもよかった。一応和睦しておいて、武力を背景に、あとはどう料理しても構うことはないという強権を発動したのだ。

躊躇することなく、次々と、門徒の寺道場を破却した。

家康は、有力な僧侶、改宗しない僧らを、三河から追放した。

また、帰参した家臣たちの大半は許された。

こうして三河の中心部と南部、西部を制圧できた家康は、そのあと今川氏真の将である小原《おはら》鎮実《しげざね》が守る東の渥美郡の吉田城（愛知県豊橋市）を攻め落として酒井忠次《ただつぐ》に守らせた。

朝比奈元智の田原城（愛知県田原市）を攻略し、永禄七年（一五六四）には三河全体を統治できるところまで漕ぎつけた。

一向一揆の制圧は、三河における一向宗の存立基盤を壊滅させた、ということだった。そのうえで一向宗が支配する組織を、一般農民に対する支配組織に組み変え、西三河の反・家康勢力を一掃し、領内の支配と家臣団の団結・統制を飛躍的に強化させた。

と同時に、このことは一向一揆との戦いがただの合戦ではなく、家康が松平一族の支配者から、領土の独裁支配者に脱皮し、成長できた重要な戦いであったことを示している。

◆「三河三奉行」の設置と「徳川家康」の登場

この時期、家康は三河の統治に力を入れ、永禄八年（一五六五）三月に「岡崎三奉行」を設置した。

高力《こうりき》清長、本多作左衛門《さくざえもん》、天野三郎兵衛《さぶろうひょうえ》康景《やすかげ》の三人に民政や訴訟を扱わせたのである（詳細不明）。

三人は人々から「仏《ほとけ》高力、鬼作左、何方《どち》偏《へん》なしの天野三兵《さんぺい》」といわれた。

優しい高力、厳しい作左衛門、どちらにもかたよらない三郎兵衛、ということで、家康の人事が絶妙であったことを褒めるいい方である。

家康はまだ若かったけれど、人を見る眼が備わっていたようだ。そして、そのことを領民が認めていたということは大したものだといわなければなるまい。

この年の十一月、家康と同盟した信長は、養女を甲斐の武田信玄の子・勝頼に嫁がせた。信玄と同盟したということであり、信長は心おきなく美濃攻略に専念できることになった。信玄はすでに相模の北条氏康・駿河の今川氏真と同盟関係（甲相駿三国同盟）にあったから、それに信長との同盟が加われば、越後(新潟県)の上杉謙信と十二分に戦えるということだった。

ただ、家康としては、右の三国同盟関係がある以上、駿河方面へ出兵することは憚られるということで、とりあえずこの時期は三河領内の統治整備・充実に力を入れて、力を蓄えていたということだろう。

そして、家康は二十五歳になった永禄九年（一五六六）十二月二十九日、従五位下三河守に任じられ、姓は松平から先祖の徳川に戻ることを許可された。

「**徳川家康**」の登場であり、官位を得て氏姓を権威付けることに成功したのである。

これで家康は一介の田舎武将（県会議員）からメジャーな武将（国会議員）のひとりとして

デビューし、総理総裁を目指すことができるようになった。

これは誓願寺（愛知県岡崎市梅園町）の長老・泰翁慶岳《たいおうけいがく》が吉田兼右《かねみぎ》（神祇大副《しんぎたいふ》）と近衛前久《さきひさ》（関白）に働きかけ、正親町天皇の勅許を得て実現したことである。

家康は吉田兼右には謝礼として馬を贈りますと約束したが、その後、まったく何も贈らなかった。

近衛前久にも、謝礼として毎年銭三百貫と馬を一頭贈る約束をしたが、二千疋（銭か絹布か不明）を贈り、馬も二回贈っただけでそれっきりにしてしまった。

官位がらみの口利き利権で銭金を稼いでいる公家どもなど、それで充分だと考えていたのだろう。

〔四〕金ヶ崎の退き口　❖二十九歳

◆将軍の座を狙って暗躍する足利義昭

十年以上続いた応仁の乱によって、室町幕府の権力は有名無実化し、幕府としての力はほとんど失われていた。

その中心地である京都の政治状況は混沌として、先行きはまったく見えない状態にあった。やがて、政治の実権は幕府の管領・細川氏に奪われ、つづいてその家臣であった三好氏が握り、三好長慶《ながよし》が畿内一帯を治めて天下を統一するようになっていったものの、その長慶が病に倒れると、またしても混乱がはじまり、政治状況は再び混沌とした状況に陥っていった。

東西南北もわからない濃霧のなかで、手探りで明日を探していたということだが、ここに登場するのが足利義昭である。

足利義昭は天文六年（一五三七）に十二代将軍・義晴《よしはる》の次男として生まれ、奈良の興福寺・一乗院《いちじょういん》に入って「覚慶《かくけい》」と称していた。

京都を追われた将軍・義晴は近江のあちこちを流浪する生活を余儀なくされ、力をもちはじめた三好一党に対抗しようとしたものの、果たせないまま無念にも病死した。

義晴の後を継いで義昭の兄・義輝が将軍に就任したが、永禄八年（一五六五）になると松永久秀（弾正《だんじょう》）、三好三人衆によって暗殺されてしまった。

そして、二十九歳になっていた義昭はこの事件のため追われる身になったが、細川藤孝《ふじたか》（幽斎《ゆうさい》）と一色藤長《いっしきふじなが》の助けを借りて一乗院を脱出し、近江・甲賀郡の和田惟政《これまさ》の館に迎えられた。

その後に野洲郡の矢島（滋賀県守山市矢島市）の少林寺に移り、還俗《げんぞく》して「義秋」と名乗った。義秋は将軍の子である。

還俗した以上は「征夷大将軍」になりたい。

そう考えた義秋は、越後の上杉謙信に書状を送って上洛を要請した。桶狭間の戦いで今川義元を破った新興勢力の織田信長にも、同じように上洛してほしいという要請状を出した。

こうした義秋の暗躍は、大名で力のある者ならば誰でもいいから上洛し、大和の松永弾正や三好一党を京都から駆逐して自分を将軍の地位につけて室町幕府を再興してほしいという宿望によるものであった。

義秋の要請を受けた信長は、上洛の準備を進めたが、目の前の強敵である岐阜の斎藤龍興《たつおき》をなかなか撃破することができないでいた。

そうこうするうちに義秋に上洛の意思があると見た三好勢は、義秋に兵を向けてきた。身の危険を感じた義秋は矢島を棄て、十数人の供とともに琵琶湖を渡って若狭・後瀬山城《のちせやま》（福井県小浜市）へ移動した。

妹婿・武田義統《よしずみ》がこの城に拠る若狭の守護大名だったからである。

しかし、この義統も、子の元次と争っている最中で、上洛どころではなかった。

義秋はそこへ使いをよこした越前の朝倉義景《あさくらよしかげ》の招きの誘いに乗り、渡りに舟とばかりに敦賀の金ケ崎《かながさき》（福井県敦賀市）へ移った。細川藤孝のはからいである。

さらに、朝倉氏の本拠地・一乗谷《いちじようだに》（福井県福井市城戸ノ内町）に入った義秋は、義景に歓待され、元服もすませてもらって、ここで「義昭」と名乗ることになった。永禄十一年（一五六八）四月十五日、ときに義昭三十二歳である。

ところが、朝倉義景は動かなかった。

それどころか、どう見ても義昭上洛のために腰を上げてくれる気配がない。そのうえライバルの義栄《よしひで》は三好三人衆に擁立されて正式に十四代征夷大将軍の座を手に入れていたから、義昭は焦った。

義昭は越前の地に出向きながらも、本心はなお、越後の上杉謙信に上洛をさせようと望みをかけてきた。だが、この時期の謙信は自分の頭の上の蝿を払うのが精一杯で、出兵の時機がうまく噛み合わない。

義昭は義景の悠長な態度に悶々としながら時を過ごし、ついには義景を見限らざるを得なかった。

◆信長によって第十五代将軍になる

そして、永禄十一年（一五六八）七月、義昭は岐阜の信長のもとに身を寄せた。信長は前の年に、長い戦いの末に美濃の斎藤龍興を破り、美濃を征圧して義昭を岐阜へ招いたのである。

義昭は細川藤孝と明智光秀の斡旋によって美濃・立政寺《りゅうしょうじ》（岐阜県岐阜市西荘）において信長と会見し、その庇護下に入った。

それからの、信長の動きは実に早かった。

二ヶ月後の九月には京都に向けて出発し、途中、南近江で抵抗する六角《ろっかく》承禎を破り、松永弾正をも降伏させた。

また信長は、三好一党が拠る摂津《せっつ》・河内《かわち》の城を降伏させたため、三好勢は京都から退散してしまった。

六万の精鋭を率いた信長は九月二十六日に上洛して東寺に入った。十四代将軍・義栄は阿波（徳島）へ逃亡し、腫物を患って死んでしまった。

その十日後の十月十八日。

義昭はついに念願の従四位下、参議、左近衛権中将、征夷大将軍に任じられて室町幕府十五代将軍に就任した。

翌年の二月になると、信長はみずからが陣頭指揮し、義昭のためにわずか二か月ほどで二条御所（京都府京都市上京区武衛陣町）を建造してしまった。その建造工事は、ポルトガルの宣教師ルイス・フロイスによると、どうみても数年はかかるという工事だったという。

義昭は信長が造営した二条御所（二条城・京都市室町下立売角　東は烏丸通り、西は新町通り、北は出水通り、南は丸太町通り　東西二五〇メートル・南北三三〇メートル）に入った。

そして、信長・家康同盟軍は、越前（福井県）の朝倉義景の領地に進撃した。

二条御所を完成させたその翌年の、元亀元年（一五七〇）四月のことである。

足利将軍上洛の際、朝倉氏も上洛協力し、新将軍に挨拶せよという信長の二度の要請を黙殺したからである。

信長は家康を岡崎から呼んで、四月十四日に京で合流した。

同盟軍は二十日に京を出陣し、二十二日に若狭の松宮玄蕃《まつみやげんば》の熊川城《くまかわ》（福井県三方中郡若狭町）へ着陣した。

このあたりは小豪族が群れていて、それぞれの所領を安堵してくれる強大な勢力を必要としていた。彼らは、そのため進んで信長の先鋒を買って出た。

翌二十三日、信長は粟屋勝久《あわやかつひさ》の国吉城《くによし》（福井県美浜町佐柿）に入り、二十五日にはその日のうちに寺田采女丞《うねめのじょう》が守る手筒山城《てづつやま》（福井県敦賀市泉）を落城させ、翌日は金ヶ崎城（福井県敦賀市金ヶ崎）の朝倉景恒を降した。

信長はそのあと、家康とともに越前の国境になっている木の芽峠を越え、一気に朝倉の本拠地・一乗谷へ乱入する積りである。

朝倉側は家中で内紛をかかえていたこともあり、戦いに対して消極的で、ひたすら防衛線の強化を図っていた。

信長側は圧倒的に有利に戦いを進めていった。

◆浅井長政の裏切りで「金ヶ崎退き口」！

ところが、近江・小谷城《おだに》（滋賀県長浜市湖北町）の浅井長政《あざいながまさ》が裏切った。

長政は、古くからの交誼と恩顧ある朝倉を取るか、妻お市《いち》の兄の信長を取るか、決断を迫られた。

長政は最終的に朝倉を選んだ。

なぜ長政が信長を棄てたかというと、すでに朝倉と紛争を起こさないという約束を取り付けてあったのに、信長がそれを守らないということである。

とくに長政の父・久政は、信長という人物は信用できるような男ではないと激怒した。夫の長政が裏切ったことを、お市は、兄の信長に知らせるために、両端をひもでくくった小豆の袋を届けさせたといわれる。長政と朝倉に挟み撃ちにされるという暗号である。

長政が朝倉方に寝返った。

その知らせを受けて、信長は最初、信じなかった。

だが、それが本当のことだとわかると、信長は瞬時に逃げると決めた。

四月二十八日の夜、将兵を棄ててわずかな供とともに敦賀・金ヶ崎から美浜、三方、熊川から裏比良の渓谷の朽木《くつき》、坊村《ぼうむら》、大原と、馬腹を蹴りつづけて一気に駆け抜け、京都まで逃げ帰った。

ところが、このとき、途中の朽木（滋賀県高島市朽木）を治めていた豪族は浅井家の配下である朽木元綱《もとつな》である。

信長は運が強かった。

このころ従属していた大和（奈良県）の武将・松永弾正を同行していたことだ。

弾正は信長のために、旧知の朽木元綱を説得し、元綱から人質までとって信長の味方につけている（『徳川実紀』）。

この弾正の説得工作があったからこそ、元綱の配慮で信長は何事もなく朽木を全速力で通過し、京都まで無事に逃げおおせたのだ。

とにかく信長はあっという間に消えた。

おいてきぼりにされた明智光秀をはじめ諸将も信長のあとを追って逃げ、殿軍《しんがり》は秀吉が引きうけた。

◆家康にとっての「金ヶ崎の退き口」とは？

この深刻な「危機」を、家康はどう切り抜けたか。

家康を跡に捨置《すておき》給ひて、沙汰無《さたなし》に、宵之口《よいのくち》に引取せ給ひしを御存知無して、夜明て、来之下（木下）藤吉、御案内者を申て、退かせられ給ふ（『三河物語』）

信長は家康を捨て置いて無断で宵の口に引き取ったという。

夜が明けると、木下藤吉郎が家康を退却させた、という。

突然の退却逃亡に家康は真っ蒼になったと思われるが、気を取り直して金ヶ崎（福井県敦賀市）から、いったん小浜（福井県小浜市）まで逃げた。

長源寺（福井県小浜市小浜酒井）に入ってここを本陣とし、とりあえず隣接する蓮興寺（福

金ヶ崎城・本丸跡（福井県敦賀市）

家康が退却時に一時本陣とした長源寺（福井県小浜市　1983 年撮影）

金ケ崎の退き口・家康の逃亡経路

井県小浜市小浜）を下陣《げじん》とした。あるいは、蓮興寺を本陣にしたともいう（『若狭郡県史』）。

　ここで朝倉側の出方を追撃はさほどではないだろうと見極めた家康は、この辺りをよく知る蓮興寺の住職・徳元に道案内させて京へ向かった。

　小浜の人々は「京は遠ても十八里」という。

　小浜から京まで十八里（七二キロメートル）というコースは「針畑《はりはた》越え」と呼ばれる。

　いわゆる「鯖街道」である。

　小浜から遠敷《おにゅう》、遠敷川を溯って下根来《ねごり》、上根来、山を越えて小入谷《おにゅうや》、針畑、梅ノ木町、坊村町、花折《はなおれ》峠、大原、そして京都・出町柳《でまちやなぎ》へ出る。険阻な道ではあるけれど、最短の経路である。

　このときの様子は「大神君（家康）小浜の蓮興寺に宿し　而る後根木村より針畑越経て　朽木谷に出て　入洛したまう」と『若狭郡県志』に記されている。

　このときほど信長は危機に追いこまれたことはなかった。

　このような危機に追いこまれたということと、天下統一への道を塞がれたということが、信長の浅井長政と朝倉義景に対する怒りと憎悪を燃え上がらせた。

家康にとっても、この「金ヶ崎の退き口」は、難しい退却作戦で大将が逃げてしまったあと、同盟者である自分はどうすれば無事に「危機」から脱出できるかを考えさせられたことだろう。

京都に逃げ帰った信長は、すぐさま軍勢を建て直して家康との連合軍で浅井・朝倉討伐に取りかかった。

これが、元亀元年（一五七〇）六月二十八日の、織田・徳川と浅井・朝倉の連合軍が激突した姉川の合戦（滋賀県長浜市野村町）である。

決死の覚悟をした浅井・朝倉連合軍は勇猛に戦ったが、家康配下の榊原康政に側面を突き崩され、千百余の戦死者を出して敗走した。

この合戦によって大打撃を受けた浅井軍は、辛くも残った小谷城にもどって信長に対抗し続けた。

そして、姉川の合戦から三年たった天正元年（一五七三）、足利義昭を追放して室町幕府を崩壊させた信長は、ひきつづき越前に朝倉義景を攻めて本拠地の一乗谷を焼き尽くし、その上で近江・虎御前山に陣取って小谷城の猛攻撃を開始した。

長政を追いつめた信長は、何度も降伏を勧告した。

長政は応じなかった。

そして、最期が迫ったとき、長政はお市と子供たちを城から逃して自刃した。二十九歳の若さである。

総攻撃がはじまる直前、お市とともに城を出た長政の娘たちは、この後の歴史の流れのなかで、きわめて重要な役割を果たすことになる。

長女の茶々《ちゃちゃ》は秀吉の側室・淀君《よどぎみ》となり、二女の初《はつ》は京極高次《きょうごくたかつぐ》の夫人となり、三女の小督《おごう》は徳川二代将軍・秀忠夫人になった。

見方によっては、長政は娘たちによって豊臣・徳川と続く天下の覇者たちに影響をあたえつづけたといえる。それは、娘たちが天才・信長の血を引いていた姪たちだからだろうか。

とはいえ、長政は、信長がのちに自分の頭蓋骨の上部を切り取って箔濃《はくだみ》（金箔張り）にして酒器にすることは、想定外のことであったろう。

〔五〕三方ヶ原の合戦　❖三十一歳

◆戦国大名・今川氏の滅亡

桶狭間の合戦で敗北した今川義元の後を継いだ氏真の力不足のせいで、今川家が日を追って弱体化していくのを見て、遠江（静岡県西部）では永禄六年（一五六三）末ごろから、各地で小さな反乱が続発するようになった。

飯尾連龍《つれたつ》・曳馬《ひくま》城（引馬城・静岡県浜松市中区元城町）、天野景保《かげやす》・犬居《いぬい》城（静岡県天竜区春野町）、松井宗恒《むねつね》・二俣城、井伊直親《なおちか》・井伊谷《いいのや》城（静岡県浜松市北区引佐町）たちが、次々と反・今川の叛旗をひるがえした。

「遠州錯乱」とか「遠州忩劇《そうげき》」といわれる反乱事件であり、永禄八年（一五六五）九月、曳馬城の飯尾連龍が今川氏に駿府へ呼び出されて謀殺されるに至って、ようやく鎮静化していった。

そして、永禄十一年（一五六八）九月二十六日、諸国の戦国大名が衝撃を受ける事件が起こった。桶狭間で日本中に名を馳せたあの織田信長が足利義昭を奉じて京に上り、東寺に入ったのである。

遅れてならじ。負けてたまるか。

同じ年の十二月、甲斐の武田信玄が軍を発して駿河に侵攻し、すぐさま駿府をおさえた。放逐された氏真は逃げ、掛川城（静岡県掛川市）の朝比奈泰朝《やすとも》がこれを受け容れた。

実は、この年の二月、信玄は家康と密約を取りかわしていた。

今川の領土の大井川（天竜川ともいう）を境として、東の駿河は信玄、西の遠江は家康が取る、という分割領有の密約である。

これは、山の国にいる信玄が家康との和平を確保し、駿河の海まで進出しますよ、ということで、この密約の誓書を取り交わした上で、信玄は甲斐から駿河に侵攻したのだ。ときに信玄四十八歳である。

信玄と連絡相談済みだったと考えられるが、時を同じくして、家康も、三河から遠江へ侵攻している。

家康はまず井伊谷城をおさえ、曳馬城に入った。

家康の軍を先導したのは「井伊谷三人衆」といわれる菅沼忠久《ただひさ》、近藤康用《やすもち》、鈴木重時である。

家康は自領三河の野田城（愛知県新城市豊島）の菅沼定盈《さだみつ》に同族である菅沼忠久を説得させ、忠久は縁戚関係にある鈴木重時を懐柔し、近藤康用も味方につけてしまった。

この家康の事前の調略が当たり、遠江では久野《くの》城（静岡県袋井市鷲巣）の久野宗能《むねよし》をはじめ、中小豪族が次々と家康に帰順した。巧みな調略作戦の駆使で、家康はさしたる損失も受けることなく彼等の本領を安堵し、新しい支配者の地位を獲得できたのである。

が、さて、信玄に放逐されて掛川城に逃げ込んでいる今川氏真をどうするか、である。

家康軍は掛川城を包囲した。

が、守りが固く、戦いは長引いた。

結局、城主の朝比奈泰朝は氏真を殺さないことを条件に、城を開いた。（永禄十二年（一五六九）五月十六日のことで、このとき家康は、将来信玄と北条氏康を駿河から追い出した暁には、氏真を駿河国主に立てましょうという約束をしたという。家康は真面目な人だから、そのときは本当にそう思って約束したと思われるが、この約束はまったく守られなかった。

約束を守らないこと。

一向一揆の時もそうだったが、約束を守らないことを反省したり、申し訳ないと感じたりしないという「能力」あるいは「鈍さ」を備えているのは、戦国武将には必須の条件である。

で、氏真は小田原・北条氏政を頼って掛塚《かけつか》湊から船で蒲原へ行き、戸倉《とくら》城（静岡県駿東郡清水町）へ退去し、これをもって名門・今川氏は歴史の表舞台から消えた。

朝比奈泰朝が出た掛川城に、家康は重臣の石川家成《いえなり》・康通《やすみち》父子を入れた。

◆海を得た名将・武田信玄の戦略

また、前章で先に述べた通り、「金ケ崎の退き口」で命拾いした家康は、同じ元亀元年（一五七〇）六月に岡崎城を嫡子・信康に渡し、みずからは大々的に修築した曳馬城を浜松城と改名してここに入城し、遠江を新しい根拠地とした。

以後、家康は、この城に十七年間在城することになる。

さらに、この年の六月二十八日、家康は信長とともに姉川の合戦で浅井・朝倉連合軍を討ち破った。

このように順調着実に勢力を伸ばしていたのはいいが、三十一歳になった家康は、新しい根拠地となった浜松で、武田信玄のおそろしさを思い知らされる。

かねてから信玄は騎馬隊を錬成しながら、天下統一に向けて着々と歩みを進めていた。諏訪頼重《よりしげ》、高遠頼継《たかとおよりつぐ》、村上義清《よしきよ》、小笠原長時《ながとき》ら、周辺の強豪を倒し、上杉謙信とは何度も川中島で戦った。相模・北条氏、駿河・今川氏との抗争、調略、政略結婚、和睦、くりかえされる合戦。

家康を警戒し、同盟し、信長と手を組み、討伐の計画を立て、比叡山や室町将軍・足利義昭や大坂の石山本願寺・顕如《けんによ》と誼を通じるなどなど、天下に号令を発するために、策動を重ねていた。

浜松城（静岡県浜松市）

そして、ついには甲斐の民すべての宿願である駿河の海に進出した。

信玄は海軍がほしかった。

今川の旧臣・岡部忠兵衛（のちの土屋豊前守）に知行地《ちぎょうち》と海上通行税の徴収権をあたえ、北条海賊衆・間宮信高《のぶたか》、武兵衛《ふへい》を丁寧に迎えた。岡部には伊勢湾の海賊・小浜景隆《おはまかげたか》、向井正重《まさしげ》らを調略させ、やがて巨大な安宅船《あたけぶね》（快速軍艦）一艘を核とする五十二艘の軍船によって、強大な艦隊を編成したのである。基地として江尻（静岡市）のほかに用宗《もちむね》、遠州・相良《さがら》などの港を整備し、乗組員は課役を免除して徴集し、一部には「渡海（航海）の奉公」を義務づけ、塩釜役を免除したりして優遇につとめた。

こうして信玄が知恵を傾けて組織した水軍の当面の目標は、相模・小田原（神奈川県小田原市）の北条氏であった。

元亀元年（一五七〇）四月、信玄は伊豆を攻め、このとき水軍は食糧や軍需物資を輸送して積極的に軍事活動に参加した。

そして、陸の軍事活動を海から支援する水軍の力の大きさに、信玄は驚き、かつ自信を得た。

これで制海権を持つ水軍に脇を守られながら輜重《しちょう》を確保し、甲斐から遠江（静岡県）に侵入し、遠江、三河、尾張（愛知県）を完全征圧することができる。

信玄は今では信長の勢力が強大になっていて、すぐには潰すことはできないということを理解していた。

したがって、今回の進撃は本願寺、朝倉義景、足利義昭などと連携した信長包囲網の一環としての作戦であった。

まず遠江と三河を抑えれば、そのあとすみやかに尾張・美濃に侵攻し、やがては京に武田の「風林火山」の旗を打ち樹てる機会も生じるだろう。

◆「一言坂の戦い」で窮地に！

甲府を進発した信玄は駿河を征圧しながら元亀三年（一五七二）十月三日、家康の領地である遠江へ侵攻した。

信玄は信濃・伊那から青崩《あおくずれ》峠を越えて天竜川沿いに南下した。

遠江・周智《しゅうち》郡（静岡県浜松市天竜区春野町）に侵攻し、犬居城を落とし、二俣城を攻めた。

準備を整えていた家康は、元亀三年十月十四日、二俣城を守るために信玄軍を迎え撃った。

信玄は二万二千の軍勢を縦横に駆使して八千の家康軍を攻めた。

信玄軍の容赦ない攻撃に、天竜川まで進出していた家康は、退却を余儀なくされた。

この退却のときに一言坂《ひとことざか》（静岡県磐田市一言）で本多平八郎忠勝《ただかつ》が難しい殿軍をつとめた。

が、信玄の近習・小杉左近が一言坂の下で待ち構えていて銃撃を加えた。

必死の忠勝軍は突撃した。

「大滝流れの陣」という戦法である。これは全軍が、滝が流れるように、あるいは雪崩のように、死ぬことをものともせず一塊りになって敵中突破する戦法である。

この忠勝軍の必死の突撃を、小杉左近軍は道を開いて素通りさせた、という。

「窮鼠《きゆうそ》」の激しい逆襲を「猫」として往《い》なす戦法で対応したということだが、左近は死にもの狂いの忠勝と戦って火傷をしないようにし、自軍の兵の損耗を避けたものと思われる。

忠勝は道を開いてくれた敵将の名を訊ね、礼を述べて退却したと伝えられる。

また、忠勝は追撃してくる左近軍を「蜻蛉切《とんぼきり》」(大笹穂槍)をふるって突き散らし、ときにはとって返して追撃を止めるなどして、みごとに全軍を退却させた。「蜻蛉切」とは、蜻蛉がとまったところ二つに斬れて落ちたといわれる名槍である。

「小返《こがえ》しし小返しして追《おい》くる敵を突《つき》くづす」という戦法で、巧妙に殿軍の役目を果したという。

「一言坂の戦い」である。

この豪の者である忠勝を、小杉左近は「家康に過ぎたるものが二つあり　唐《から》の頭《かしら》に本多平八」という落書を書き、立札をたてて讃えた。

「唐の頭」とは当時きわめて珍しかったヤクの毛皮の兜のことで「本多平八」はいうまでも

岡崎城（岡崎公園）にある本多忠勝像

なく忠勝である。

敵将の左近だけでなく、何とか無事に退却できてまで逃げ帰ることができた家康は、

今日の働《はたらき》日頃の平八にあらず。ただ八幡大菩薩の出現ありて。味方を加護し給ひし（『徳川実紀』）

と感激したという。

追撃軍に殺されるかも知れない「危機」を脱して無事に逃げおおせた家康にしてみれば、忠勝に掌を合わせて感謝したいところであったろう。

しかし、それはいいとして、逃げるとき家康は大失態をやらかしてしまった。恐怖のあまり馬の上で糞便を漏らしてしまったのである。


大久保治左衛門（中隣）、大音揚げ、御馬の口付に向て、『其御馬の鞍壺を能く見よ。糞があるべきぞ。糞を垂て遊《あそばし》玉ひたる程に』と悪口す（『三河後風土記』）

という。

大久保治左衛門が大声で馬丁に向かって馬の鞍壺を見てみろよ。糞がついているぞ。糞を垂れながら逃げたんだ。

いや、ほんとうに恐ろしかった。信玄軍の怒涛のような突撃に心底恐怖を感じましたな。失禁せざるを得ませんでしたでしょうなといいたかったのか、大将なのに逃げながら糞など漏らしてなんと不甲斐ないといいたかったのか。それとも糞を漏らす程度で済んでよかった、といいたかったのか。

家康は、違う、それは、味噌だといったともいうが、信玄軍の耳を聾《ろう》する騎馬軍団の蹄の地響きや攻撃、追撃の激烈さが想像できる逸話である。

しかし、この逸話はいつの間にか「一言坂の戦い」ではなく、これから述べる「三方ヶ原の合戦」のときの出来事だといわれるようになってしまった。

◆打って出て正面から野戦を挑む

信玄は軍勢を二つに分けていた。

これまで述べてきた通り、犬居城を落とし、十二月十九日には二俣城を攻め落とし、一軍は山県昌景《やまがたまさかげ》に預けて東三河へ侵入させた。

山県軍は長篠《ながしの》と井伊谷を経由し、伊平城《いへい》（静岡県浜松市北区引佐町）を落としてから信玄軍に合流した。これで信玄軍は、二万五千になった。

浜松城の家康の軍は八千で、信長が送ってくれた平手汎秀《ひろひで》・佐久間信盛の援軍三千を加えても、三分の一以下の一万一千である。

戦国最強といわれる武田の騎馬軍団、圧倒的な信玄軍と、どう戦えばいいのか。

三十一歳にして対峙することになったこの重大な「危機」を、どう乗り越えればいいのか。

進軍してきた信玄軍は浜松城を直接包囲するに違いないと予想していたが、案に相違して城を無視し、三方ケ原《みかたがはら》（静岡県浜松市北区）台地に上っていった。

と同時に、信玄軍は南下して浜松城へ向かうことなく、進路を西に変えた。

その行く手にあるのは、浜名湖の堀江城（静岡県浜松市西区舘山寺町）である。この堀江城が信玄軍に落とされるようなことになれば、浜松と三河・岡崎間の連絡がまったく遮断されてしまう。これは、なんとしても防がなくてはならない。さらには信玄軍を黙って通過させれば、遠江の地侍たちが家康を見限って信玄についてしまう可能性が出てくる。

しかし、信玄側は、家康の拠る浜松城が強力な防衛拠点であり、包囲しても容易に落城させることはできないと見ていた。

信玄は、それよりも、家康軍を三方ヶ原に誘き出して叩き潰す方がはるかに手っ取り早いと考えた。戦国最強と称えられている騎馬軍団を擁する信玄軍は、野戦となればすぐさま圧倒的

三方ヶ原古戦場（静岡県浜松市）

三方ヶ原古戦場（静岡県浜松市）

な強さを発揮して家康軍を破砕できると計算したのだ。

結果からいえば、家康はこの信玄の策にまんまと乗せられてしまったということである。

浜松城で軍議を開くと、宿老たちは籠城を提案した。

打って出ても勝てるはずがないことは目に見えていた。

確かにその通りだった。

それなのに、家康は城から積極的に出撃した。

軍議の席上、家康はこういった。


多勢にて、我屋敷之背戸（裏口）をふみきりて通らんに、内に有ながら、出てとがめざる者哉あらん。負《まく》ればとて、出てとがむべし。そのごとく、我国をふみきりて通るに、多勢なりというて、などか出てとがめざらん哉。莵角、合戦をせずしてはおくまじき。陣《いくさ》は多勢・無勢にはよるべからず。天道次第と仰《おおせ》ければ、各々是非に不及とて押寄《おしよせ》けり（『三河物語』）

多勢でわが屋敷の裏口を踏み通ろうとしているのに、屋敷内にいながら咎めない者がいるだろうか。それと同じで、わが国を踏み通ろうとしているのに、多勢だからといって、なぜ咎めないのか。たとえ負けるようなことがあっても、一戦交えずにはすまないではないか。戦は軍勢の多い少ないによって決まるものではない。運不運によって決まるのだ。家康がこういうので、仕方がないということになって出撃した、と記録されている。

宿老たちがいうように、籠城すれば、相当期間持ちこたえることができることはわかっていた。信玄が攻城を諦めて撤退することだって考えられる。

城から出るのは、無謀であることはわかっていた。ときには臆病と慎重さは有力な武器になるのではないか。

出れば、負けて多くの犠牲者が出るに決まっていた。

家康自身が命を失う可能性も高かった。絶体絶命である。

が、打って出た。

ということは、無視されることは耐え難かったということだ。

裏口をずかずか通っていくのに黙っていることは、武将として耐え難い屈辱だった。

男としての誇りを守るためであったか。

武将として生きている面子《めんつ》のためであったか。

もう自暴自棄になっていたのか。

◆さんざんに蹴散らされて大敗

信玄が三方ヶ原を横切って、祝田《ほうだ》の坂を半分ほど下りたときを狙って出撃すればよかったのだが、気がはやった家康軍が三方ヶ原につくと、信玄軍が北から南へゆるやかに傾斜している三方ヶ原の、最も高い位置で待ち構えていた。

信玄軍の陣形は「魚鱗《ぎょりん》の陣」であったという。

右翼・山県昌景
中央・小山田信茂《のぶしげ》
予備・武田勝頼と内藤昌豊《まさとよ》
左翼・馬場信房《のぶふさ》
総予備・信玄
後備・穴山梅雪《あなやまばいせつ》

家康軍は両腕を拡げたような形の「鶴翼《かくよく》の陣」である。

右翼・酒井忠次
中央・石川数正
左翼・家康の旗本の先鋒である本多忠勝たちと平手汎秀・佐久間信盛

まず信玄が足軽らに石礫《いしつぶて》を投げさせた。いわば挑発である。家康軍は直ちに兜を傾けて斬ってかかった。一の手、二の手を切り崩したところ、新手がかかってきたので、それをまた切り崩して信玄の旗本まで迫った。が、信玄の旗本は「真黒に時（鬨）をあげて切ってかかる」（『三河物語』）ので、懸命に戦ったが負けてしまった、という。

あるいは、戦闘は家康軍の石川数正と、信玄軍の第一陣・小山田信茂がぶつかって開始された。午後四時ごろのことである。

たちまち両軍が衝突し、家康軍はほとんど破砕され、千数百名が闘死した。鎧袖《がいしゅう》一触《いっしょく》で蹴散らされたのだが、

此度の戦に討たれし三河武者、末が末までも戦ハざるは一人もなかるべし。その屍、此方に向ひたるはうち伏し、浜松の方に伏したるは仰様なり（『徳川実紀』）

という。

討死した兵は末端の者に至るまで、敵に背中を見せて死んだ者はいなかった。仰向けに死んだ者は、頭を浜松城の方に向けて死んでいたという。負け戦ではあったけれども、いかにも常々

「御家の犬」（『三河物語』）と覚悟していた三河武士らしい実直で、勇猛果敢に戦った死に様ということである。

たちまちのうちに敗北を悟った家康は、戦場で討ち死にすることを覚悟したようだ。

だが、家臣たちが思い止まらせ、家康を馬に乗せ、夏目吉信が槍の柄で馬の尻を叩いた。

夏目は一向一揆のとき家康の敵側について反抗したが、降伏したとき命を助けられた恩に報いるため、我こそは徳川家康と叫んで身代わりになり、信玄軍に突入して討ち死にしたという。

逃げ散る家康軍を、信玄軍の馬場信房や山県昌景らの精鋭が追撃した。

松平忠次、鈴木久三郎《きゅうざぶろう》も、我こそは徳川家康と叫びながら身代わりになり、犠牲になって時を稼ぎ、家康は逃げに逃げて、逃げのびた。

◆浜松城で一世一代の奇策を打つ

浜松城へ逃げ帰った家康は、城の北の玄默口《げんもくぐち》から城内に飛び込んで、城門をすべて開け放てと命じ、ありったけの篝火を焚かせて城内と外周りを煌々と明るくさせた。逃げ帰ってくる将兵たちの収容のためであり、家康の、一世一代の大博打だった。

そして家康は、高木九助という家臣が法師武者《ほうしむしゃ》の首をぶら下げているのを見て、その首を太刀の先に刺して信玄の首を討ち取ったと大声でふれ回れと命じた（『三河記』）。九助は命令通り、信玄の首を討ち取ったりと叫び回った。

負け戦に動揺して右往左往していた城内を鎮めるためだが、家康はたいそう冷静だったといえよう。「金ヶ崎の退き口」「一言坂の戦い」の遁走の経験で逃げ上手になって余裕が持てるようになっていたのだろう。

ところが。

追撃してきた馬場信房と山県昌景である。

浜松城の城門が開け放たれているのを見て、攻撃するのをためらった。

通常は敵を防ぐために城門を堅く閉じる。

それが開かれて城の内外が篝火で白昼のように明るくなっている。馬場と山県は、それは、攻め込めば殲滅されるような作戦に誘い込まれることを意味しているのではないかと想像したからである。

まことに奇抜な奇策だが、家康のこの日本には他に類例のない作戦は大当たりだった。

完全に信玄軍をひるませた。

追撃軍は何もしないまま撤収していったのである。

信玄軍が城内になだれ込んで来ないので、大久保忠世《ただよ》や天野景保たちは、この際、攻撃に転じて、逆に追撃しようではないかといきりたった。

顰像のイメージ図（蓮泥子作画）

彼らは鉄砲隊百人ほどをかき集め、夜の闇に乗じて浜松城の北一帯に布陣している穴山梅雪軍を撃った。

城の北には「犀ケ崖《さいががけ》」とよばれる谷がある。切り立った絶壁は深さ十数メートル以上ある。

突然の夜襲に信玄軍は驚いて逃げ、かなりの数がこの「犀ケ崖」に落ちて死んだと伝えられる。さほどの打撃はあたえられなかったと思われるが、信玄軍側はこれで徳川家康の軍はなかなか手強いと感じたという。

そして、完全に敗北したものの、文字通り九死に一生を得た家康は、このときの自分を絵師に描かせた。

台に腰掛け、途方に暮れてくぼんでおびえきった両眼、こけた頬に左手を当てた、まさに思案投げ首の体である。「顰像《しかみぞう》」といわれる絵だが、家康はこの縦四一・九センチメートル、横二七・七センチメートルの小さな絵をいつも身近に置いて、みずからの驕慢《きょうまん》を戒めていたと伝わる。

◆三方ヶ原の合戦が後世に遺したもの

また、三方ヶ原の合戦に関していくつか話が残されている。

かつて奥山線（遠州鉄道）という鉄道があった。

遠鉄浜松駅（静岡県浜松市中区早馬町）から三方ヶ原を南北に通過して引佐町の奥山（浜松市北区）を結んでいた。

その奥山線で北から南へ向かうと、途中に「小豆餅《あずきもち》」という駅があって、次の次に「銭取《ぜにとり》」という駅があった。

戦いに負けて逃げる家康が腹をすかして茶店の「小豆餅」をほおばって食べ、銭を払わないで、走って逃げた。怒った茶店の婆さんが家康を追いかけて銭を取ったところが「銭取」という駅になったという。

奥山線は昭和三十九年に廃線になってしまったが、懐かしい軽便鉄道である。

それから東海道線・浜松駅ではホームで家康にちなんで売り子が「三文小豆餅」という餅菓子を売っていた。静岡駅の「安倍川餅」のライバルだったが、これもまた昭和三十七年ごろに消えてしまった懐かしい思い出である。

それから「遠州大念仏」（浜松市無形民俗文化財）もある。

三方ヶ原の戦いのとき、三方ヶ原や犀ヶ崖の戦いで死んだ将兵の怨念、疫病や農作物の病害虫を封じ、鎮魂を祈る供養の催事である。各町内の「念仏組」が初盆を迎える家の依頼を受け、庭先に入って太鼓を打ち鳴らし、念仏を唱えて踊る。家康が貞誉良伝（宗円？）に命じて行わせた行事で、現在まで続いている。

三方ヶ原の合戦の敗北で脱糞してしまうほどの恐怖を味わった家康は、その貴重な体験から武将として生き抜くための、多くのことを学んだ。

以後、家康は一度も戦争に負けなかったことがそれを物語っている。

ただ一度の敗北だったわけだが、つまり、人生で失敗を二度とくりかえさないということは、ただのズルさではなく、大きな聡明さの証明であることは誰しも認めるところだろう。

信玄は三方ヶ原で徳川家康を完膚なきまでに蹴散らしたあと、菅沼定盈が立て籠る野田城を包囲した。

が、病に倒れ、天正元年（一五七三）四月十二日に病没した。

信玄はこの六年前から「隔《かく》」という胸または臍の下に食べ物が閊《つか》える胃病（？）であったという。肺結核、胃癌、このほかにも肝臓病説や甲州に特有な地方病である日本住血吸虫病《じゅうけつきゅうちゅう》説もある。

『甲陽軍艦』によれば、信玄は死に臨んで三年間は自分の死を秘して葬儀は行わないこと、そして三年後には遺体に甲冑を着せて諏訪湖に沈めよと命じた。

そして、山県昌景を呼ぶと「明日は瀬田へ旗を立てよ」と命じたという。

瀬田は近江国・琵琶湖の南端、瀬田川の唐橋の架かる場所で、都への入口である。上洛が果たせなかった信玄の無念が伝わってくるようである。

同書によると、信玄は天正元年四月十二日、信濃・根羽《ねば》（長野県下伊那郡根羽村）で他界したとしている。死亡地は信濃・駒場（長野県下伊那郡阿智村）ともいわれる。

夜ごと野田城内から聞こえてくる笛の音の美しさに惹かれた信玄が、堀の近くまで出向いたところを鳥居三左衛門という鉄砲の名手に狙撃されたとも伝えられるが、いずれにしても、信玄の死をもって、日本の中世は終わった。

隠蔽したはずの偉大な信玄の死は、すぐ世間に知れ渡った。

以後、後継者の勝頼が善戦はしたものの、武田家は没落滅亡への斜面を転落してゆく。

〔六〕築山事件 ❖三十八歳

◆母・於大と築山御前は最悪の嫁姑関係

三方ヶ原の合戦で武田信玄に敗けて逃げた家康は、辛くも命拾いした。

その直後、信玄は野田城を攻撃包囲しているとき、倒れた。

病を発したからだが、甲府へ引き揚げる途中、信濃の根羽（駒場とも）で病死してしまった。

あるいは野田城包囲中に鉄砲で狙撃されたのだともいわれる。

これは、家康と信長にとっては幸運であった。強敵が消えた喜びで、盛大な祝宴を開いたのではないかとさえ思われる。

そして、家康は、三方ヶ原の敗戦から一年半後には、信長とともに三河・設楽ヶ原《したらがはら》（愛知県新城市）で、このころ依然として最強といわれていた騎馬軍団を擁する信玄の後継者である強豪・武田勝頼軍を破ることができた。

三千挺の鉄砲を三段構えにして騎馬で迫り来る勝頼軍を潰走させ、一万の首級をあげた天正三年（一五七五）五月二十一日の有名な「長篠の合戦」である。

さらに、その三年後の天正六年（一五七八）三月十三日。

四十九歳の上杉謙信が春日山城《かすがやま》（新潟県上越市）で急死した。脳溢血である。

こうした劇的な死につづいて、翌年の天正七年（一五七九）四月七日には、浜松で第三子・秀忠が生まれ、家康は大きな幸福感を味わった。

この年三十八歳の家康は、しかし、その喜び醒めやらぬ七月に、生涯最大の悲劇を迎えることになる。

先に述べた通り、弘治三年（一五五七）正月十五日、人質として駿府にあった家康は、十六歳で今川家の重臣・関口親永の長女・瀬名と結婚し、信康と亀姫が生まれた。

桶狭間の合戦の後、家康はなんとか岡崎で独立したが、妻子はずっと駿府に置かれていた。やがては人質交換で岡崎に引き取られたものの、子供は岡崎城内に住み、瀬名は岡崎市中の総持尼寺に住むことを余儀なくされた。

以後の瀬名は、築山御前と呼ばれるようになった（岡崎城の築山曲輪に住んだからそう呼ばれるようになったともいう）。

家康とは別居ということだが、これは「清洲同盟と一向一揆」（六〇頁）の項で述べたように、長い間、三河や松平氏を支配し、家康を人質に取っていた今川一族の一人である築山御前を岡崎城内に入れることを、夫の久松俊勝とともに二の丸に入っていた家康の母・於大が嫌ったからだといわれる。

また、於大は今川のせいで最初の夫・広忠（家康の父）と離別しなければならなかった。それに天正三年（一五七五）十二月、信長の命令で家康は石川数正に於大の兄・水野信元を殺させている。

石川数正は駿府から信康を取り返し、信康の後見人を務めていたから、於大には信康と亀姫は実の孫ではあったが、石川憎しで今川系でもある信康にも亀姫にも屈折した感情を持っていたのではないかと思われる。於大だけでなく、依然として今川を嫌ったり、憎んだりしていた家臣は多かったはずである。

端的にいえば孫まで巻き込んだ最悪の嫁姑関係であった。

だが、逆に、於大に嫌われている築山御前からすれば、姑や嫁ぎ先に対する気持ちは素直なものではなくなっていったに違いない。

家康が、今川でなく尾張の織田と手を組んだことも、築山御前は許せなかった。

なぜなら、自分と子供を岡崎へ送るために陰で尽力したことを理由に、実家の父の関口親永も母も、今川家の当主となった甥の氏真によって自刃させられていたからだ。関口親永夫妻は徳川・織田に対する利敵行為を働いたとされたのである。

そして、息子の信康は、元服する三年前、九歳で信長の娘・徳姫（五徳）と結婚した。徳姫も同じ九歳である。織田・徳川同盟の強化のための政略結婚である。

しかし、築山御前は婚約時から嫁いでくる徳姫を憎んだだろう。母の兄、叔父である今川義元を殺し、間接的に両親を自刃させた織田信長の娘を、嫌わずにはいられなかったに違いない。よりによって、顔を見るのも不快になる嫁と、孫と、その残酷な巡り合わせを呪わずにはいられなかっただろう。

とにかく母、息子、息子の妻、二人の子供という一つの家族構成として考えると、渦巻いている怒りと憎しみによって、人間関係が完全に崩壊している家庭で、心が休まることがない状態だから、家康はかなりしんどかったといえよう。

◆信康と徳姫の間にも大きな亀裂が

元亀二年（一五七一）八月二十八日、信康は浜松城において十三歳で元服し、それまで家康と同じ竹千代という幼名を名乗っていたが、次郎三郎信康と名乗ることにした。「信」は信長から一字をもらったのである。

そして四年後の天正三年（一五七五）五月、十七歳のとき、信康は「長篠の合戦」に織田軍の一軍の将として参加した。なかなか優秀な武者ぶりであったという。

また、天正五年（一五七七）八月、遠江・横須賀で武田軍と戦って退却するときは、信康は殿軍を務めてみごとな采配を見せた。

追撃してくる武田軍が天竜川を渡ることができない状態にしたという。

翌天正六年（一五七八）三月にも、小山《こやま》城（静岡県榛原郡吉田町）攻めに参陣して活躍している。

その翌年、信康・徳姫が十八歳になったとき、最初の子が生まれた。女児（登久姫）だった。その翌年にも、子供が生まれた。今度も女児（妙高院）だった。

けれども、ほしいのは男子の後継ぎである。

築山御前は陰湿な仕返しをした。

信康の男子を生ませるため、武田家の家人であった日向昌時《ひなたまさとき》という人物の側室の娘が正室に嫌われて追われ、岡崎に住んでいたのを、莫大な金を払って召し出し、信康の側室にした。十六、七歳でたいそうな美人であったといわれる。

後継者を得るためにどの家でもあったことではあるけれど、やはり信長の娘である徳姫に対する悪意が濃厚に含まれていると感じられる。信康はこの十八歳の側室を寵愛し、徳姫との間が冷えて不仲になってしまった。

天正七年（一五七九）六月四日、家康は信康と徳姫を仲直りさせるため、わざわざ浜松から岡崎まで出向いている。『家忠日記』にいう。

「家康浜松より信康御□の中なをしに被越候」、「中なをし」とは仲直りのことである。

ちょうどこのころ、築山御前が甲斐からきた滅敬《げんきょう》という唐人医師を寝所に侍らせているという噂が岡崎城内に流れた。そればかりか、徳姫の侍女が築山御前の部屋から文筥《ふばこ》に入っていた書状を見つけた。偶然ではなく、その侍女はずっと密かに間諜として見張っていて見つけたということだろう。

書状には、減敬を通じて信康と武田勝頼が連携し、家康と信長を討ち、家康の所領と信長の所領の一国が信康にあたえられること、築山御前は武田家の家人・小山田兵衛という大身の武士に娶《めと》せる、という武田勝頼から築山御前宛ての起請文《きしょうもん》であったという。

侍女はこれを徳姫に報告し、徳姫はただちに信長にこのことを知らせることにした。これらのことを含む信康の乱暴狼藉など、もろもろ十二箇条を書き連ねた訴状を父・信長に宛てて書き送ったのである。

◆徳姫が父・信長に送った手紙

現物は存在せず、八箇条しかわからないが、次のような内容である。

一　築山殿悪人にて、三郎殿と吾身の中を様々讒《ざん》して不和にし給ふ事
（築山御前は悪人で、信康殿と私の仲を様々に中傷し、夫婦間を不和にしてしまった）

一　我身姫ばかり二人産たるは何の用にか立《たた》ん。大将は男子こそ大事なれ。妾あまた召

て男子を設け給へとて、築山殿すすめにより、勝頼が家人日向大和守が娘を呼び出し、三郎殿妾とせられ候事

（私は娘を二人生みましたが、なんの役にもたたない。大将の子を産むなら男子でなければならない。側室をたくさん集めて、築山御前の勧めによって、男子をもうけなさいということで、武田勝頼の家人である日向昌時の娘を連れてきて信康殿の側室にしたこと）

一 築山殿甲州唐人医師減敬と云者と密会せられ、剰《あまつさ》へこれを便《たより》とし、勝頼へ一味し、三郎殿を申すすめ甲州へ一味せんとする事

（築山御前は甲斐の唐人医師・減敬という者と密会し、あまつさえこの人物を使者として武田勝頼に一味し、信康殿をそそのかして甲斐の武田へ一味させようとしていること）

一 織田・徳川両将を亡ぼし、三郎殿には父の所領の上に、織田家所領の国を参らせ、築山殿をば、小山田と云う侍の妻とすべき約束の記証文を書て築山殿へ送る事

（織田信長、徳川家康両将を亡き者にし、信康殿には父・家康の所領と信長の所領を進呈し、築山殿には小山田兵衛いう侍と結婚するという起請文を書いて送ること）

一 三郎殿常々物荒き所行おはし、我身召仕の小侍従といふ女を、我目前にて刺殺し、其

上女の口を引きさき給ふ事
(信康どのは常々酷い乱暴を働き、私の召使いの小侍従という女を私の目の前で刺殺し、その上、彼女の口を刀で斬り裂いたこと)

一　去頃三郎殿踊を好みて見給ひける時、踊子の衣裳よろしからず、又踊《おどり》ざまあしきとて、某踊子を弓にて射殺し給う事
(先日、信康殿は好きな踊りを見ているとき、踊り子の衣裳がよくない、また踊りもよくないといって、その踊り子を弓で射殺したこと)

一　三郎殿鷹野に出給ふ折ふし、道にて法師を見給ひ、今日の得物のなきは此法師に逢たる故なりとて、彼僧が首に縄を付《つけて》、力革《ちからがわ》とかやらんに結付《ゆわいつけ》、馬をはせてその法師を引殺し給ふ事
(信康殿は鷹狩りに出たとき、道で僧を見かけました。今日の獲物がないのはこの僧と会ったからだといい、その僧の首に縄をかけ、力革〈馬具・丈夫な革の紐〉を結びつけ、馬を走らせて引きずり殺したこと)

一　勝頼が文の中にも、三郎殿いまだ一味せられたるとは候わず、何ともして進め味方にすべしとの事に候へば、御由断ましまさば、末々御敵に組し候べきと存候態々申上候事

（武田勝頼の書状のなかにも、信康殿はまだ同盟してはいないものの、何としても味方にしたいということですので、御油断なさいますとゆくゆく敵に組みすることになるのではないかと思われますので申し上げます）（『改正三河後風土記』）

そして、天正七年（一五七九）六月十六日のことだ。

たまたま家康の老臣・酒井忠次と奥平信昌《おくだいらのぶまさ》が家康からの贈り物として、駿馬を安土城へ届けた。

信長は忠次を別室に呼んで、徳姫から届いていた訴状を一箇条ずつ読み、確認をとっていった。忠次は一箇条ごとに、十二箇条のうち十箇条まで知っているとこたえた。

忠次は信康を庇いもしなければ、なんの弁護もしなかった。

信長はもうこれ以上きいても仕方がない「とても物になるまじければ腹を切らせらるべし」（『徳川家康』山路愛山）と命じたという。

どうしようもない奴だから殺してしまえということである。

あるいは、家康の心情を思いやった信長は、家康のいいようにすればいいといったともいう。

左様ニ父臣下に被見限《みかぎられ》ぬる上は不及是非、家康存分次第之由有返答（『当代記』）

左様に父の臣下に見限られぬる上は是非に及ばず。家康存分の次第の由なる返答あり、という。そんなふうに父の家臣に見限られているというのなら、どうしようもない。父親である家康が好きなように処分したらいい、という返事があったということである。

十二箇条の通りだとすれば、信康は残虐無比な、異常で変質的な狂人、サディストだということであり、築山御前ともども武田勝頼と連絡をとりあって謀反を起こす手筈になっていた、ということになる。これでは「是非不及《ぜひにおよばず》」ということになって当然であろう。

◆父・家康と長男の緊迫した八日間

結論をいえば、追いつめられた家康が最終的に選んだ「存分」とは、妻子を死罪に処すということだった。

信長の判断は、信康のもとに嫁いでいる娘・徳姫の訴えを酒井忠次に確認し、築山・信康母子が武田家に内通しているという疑いを抱いたとも、信長自身の長男・信忠《のぶただ》より信康の方が優秀であることを恐れたからだともいわれるが、はっきりしたことはわからない。腹を切らせよ、あるいは存分にせよという信長の命令に家康は愕然としたが、八月一日には信長に承諾した旨を返事しなければならなかった。

家康は愛する長男と妻より、領土と家臣たちを守らなくてはならなかったからである。

『家忠日記』に書かれているギリギリまで追い詰められていた家康と信康の、八日間の動きを追ってみる。

◇八月三日
「浜松より家康岡崎江被越候」

（家康は浜松から岡崎城へお越しになった）
◇八月四日
「夜より雨降、御親子被仰様候て、信長（信康）大浜江御退候」

（夜から雨が降った。家康・信康親子でお話しになり、信康が大浜城〈愛知県碧南市本郷町〉へ退かれた）
◇八月五日
「夜より雨降、岡崎江越候へハ、自家康早ゝ弓てんはう《（鉄砲）》の衆つれ候て、西尾江越候へ被仰候て、にしをへ越候、家康も西尾へ被移候、会下ニ陣取候、北端城番ニあかり候」

（夜から雨が降った。岡崎城におられたのだが、家康から弓衆や鉄砲隊を連れて西尾城へ行くようにとのことで、家康も西尾城へ移られた。階下に陣取った。城の北の端の城番に明かりが灯されていた）

◇八月六日

「北端城番ニあかり候」

（城の北の端の城番に明かりが灯されていた）

◇八月七日

「午時迄雨降、家康岡崎江御越候、本城御番松平上野、榊原小平太、北端城御番松平玄番、鵜殿八郎三郎両三人也、善五左衛門所ニ陣取候、玄番、八郎三郎ふる舞《まい》候、『平岩七之助所より大鷹兄弟あつかり候』」

（昼時まで雨降る。家康は岡崎城おいでになった。城番は〈中略〉たちである。〈中略〉に酒料理を振る舞った〈金品を下賜したか？〉。平岩親吉《ちかよし》のところから大鷹兄弟を預かった）

◇八月八日

「榊原小平太、松平上野、同玄番、鵜殿八郎三郎ふる舞候」

◇八月九日

「勘解由岡崎大澤石川伯耆さへりん越候、被仰小性衆五人信康大浜より遠州堀江城江被越候」

（勘解由〈中略〉家康は信康を小姓衆五人とともに遠江・堀江城〈静岡県浜松市西区舘

山寺町〉へ移動させた）

◇八月十日

「自家康、岡崎江越候への』（ママ）之由、鵜殿善六郎御使にて岡崎江越候、各国衆信康江音信申間敷候と、御城きしやう文候」

家康は鵜殿を使者に立てて岡崎城へ集まるようにと連絡し、各国衆に対して、信康と連絡をしないという起請文を提出させた。そして、この日、信康は二俣城へ移された。

ここに至るまで、まず、浜松から岡崎城へ駆けつけた家康は、信康を大浜城に移し、謹慎させた。

翌日、信康が大浜から岡崎の家康を訪ねて話し合ったが、時すでに遅しという状態になっていた。

家康が西尾城へ行ったとき、弓集や鉄砲隊を率いて、夜は城番を置き、明かりが灯っていた、というのは、戦いが起こったときに備えていたということで、反乱が勃発するおそれがあったということである。

これは、親武田派か、反家康派か。それとも家臣が岡崎派と浜松派に分裂していて、岡崎派が決起する可能性があったということか。

築山御前が通った姫街道（静岡県浜松市の引佐峠あたり）

二俣城跡（静岡県浜松市）

その四日後、信康を堀江城に移した。

翌日、さらに信康を二俣城に移した。

なぜ、家康はこんなにもせわしなく信康のいる場所を三ケ所も移動させなければならなかったのだろうか。

家康は酒井忠次を再度信長のもとへ派して信長の側近である堀秀政に執りなしをしてもらったともいうから、もしかしたら信長が殺さなくてもいいといってくれるかもしれない、という細いほそい蚕が吐き出す一本の糸のような一縷《いちる》の可能性に賭けていたのかもしれない。

◆家康と信康は不仲だったのか

しかし、信長からは、なんの返事もなかった。

様々な可能性があって、決定的な信康処刑の原因理由が特定できない。どうもよくわからない。

一方、築山御前は岡崎から東海道を下り、御油《ごゆ》宿から本坂《ほんざか》道（姫街道）に入り、本坂峠を越えて三ケ日に出て、そこから浜名湖を舟で南下して宇布見《うぶみ》へ行き、入野《いりの》を経て浜松の西部にある佐鳴《さなる》湖に入り、佐鳴湖東岸の、ほとんど人影のない、草深い小藪《こやぶ》村（静岡県浜松市中区富塚）に着いた。八月二十九日のことである。

そこには岡本時仲と野中重政《のなかしげまさ》が迎えに出ていた。

二人は築山御前にその場で自害することを勧めた。

築山御前はこれを拒み、やむなく野中重政が首を斬った。

築山御前が暴れたり叫んだりしたか、穏やかに跪いて首を差し出したかどうかはわからない。どちらにしても、取り調べもなく、したがって弁疏《べんそ》の機会もあたえられず、共犯者の捜索もなく、首を斬られる理由も告げられることなく、死ねといわれ、否応もなく殺された。

その直後かと思われるが、築山御前についていた侍女の一人が佐鳴湖へ飛び込んで殉死した。この侍女は小島城（愛知県西尾市小島町）の城主である伊那忠基《ただもと》の娘で、仁木助左衛門（詳細不明）の妻である。

しかし、

　扨此築山殿と申《もうす》は無類悪質其上淫乱に嫉妬深き婦人にて有ける故に大神君（家康）大にもてあつかい玉ふ（『参河志』）

という。

このように築山御前は希代の悪婦といわれ、淫乱で嫉妬深く、傲慢な毒婦だから、夫である家康はもてあましていたという風に描かれた非難攻撃の記録が多い。それは、妻子を殺した家康を正当化するためだともいわれる。

しかし、殉死する侍女がいたということは、築山御前はしかるべき人間性をそなえたまともな女性だったと思われる。築山御前の遺体は西来院《せいらい》（静岡県浜松市中区広沢）に葬られ、首は安土の信長のもとに届けられた。

家康と信康は、対立していた（？）と感じられる。

なぜなら、信康が堀江城から二俣城へ移された八月十日のことだ。

各国衆《くにしゅう》信康江《へ》内音信申間敷候《いんしんもうすまじくそうろう》と、御城きしやう（起請）文候（『家忠日記』）

家康は三河の家臣を岡崎城に集めて信康との接触・通信を禁じ、いかなる連絡もしませんという起請文（誓約書）を書かせている。

ということは、信康を中心とするなんらかの不穏な動きがあったということで、それを抑える、封じる意図があったからだと考えられる。なにが原因なのかははっきりとはわからないが、家康・信康父子のあいだにかなり重大にして深刻な軋轢《あつれき》があったということではないか。

信康は直接的には家康に対して、間接的には信長に対して反乱を起こす計画を持っていたのではないか。

信康は大浜城に入れられていた八月四日、岡崎城へ赴いて家康と面談している。反乱なんか考えていませんと釈明したのだろう。

となれば、これは由々しき「危機」であり曲事《くせごと》である。

でなければ「国衆」と「信康」の間の「音信」(連絡)を切り離す必要がない。

◆忠臣の身替り直訴にも決意は変わらず

そして、平岩親吉が家康に直訴したときの家康の言葉にも、疑惑が生まれる。

親吉は家康と同じ年で、家康が今川義元の人質として駿府にとらわれていた六歳のときから小姓として仕えていた実直無欲な人物で、このとき信康の傅役《もりやく》として仕えていた。

家康が嫡男の傅役に任じたということは、それだけ家康の信任が篤かったということだ。その親吉が、信康が死ななければならなくなったと知って仰天し、岡崎から家康がいた浜松へ駆けつけてこういった。

『東照宮御実紀』にいう。

若君罪蒙《つみをこうむ》りたまふと聞て大におどろき浜松へはせ参り。これみな讒者の致す所なりといへども。よしや若殿よからぬ御行状あるにもせよ。そは某が年頃輔導の道を失へる罪なれば。某が首を刎《はね》て織田殿へ見せ給はゞ。信長公もなどかうけひき給はざるべき。とく〱それがしが首をめ（召）さるべく候と申けるに

親吉は若君（信康）が罪を犯したと聞いて大いに驚いて浜松へ急行し、家康に、これは讒言《ざんげん》ですといった。よしんば若殿によからぬ行状があったにしても、それは私が教導者として、道に外れていたということです。私の首を刎《は》ねて織田信長様に見せてくだされば、わかってくれるはずです。一刻も早く私の首を取ってくださいますようと訴えた。

私心のない男が切々と訴えるのを聞いて、家康はこう応えた。少し長い引用だが家康の考え方がよく出ている。

三郎（信康）が武田にかたらはれ謀反すといふを実とは思はぬなり。去《さり》ながら我今乱世にあたり勍敵の中にはさまれ。たのむ所はたゞ織田殿の助を待つのみなり。今日彼援をうしなひたらんには。我家亡《ほろぼさ》んこと明日を出べからず。されば我父子の恩愛のすてがたさに累代の家国を亡んは。子を愛する事を知て祖先のことをおもひ進らせぬに似たり。我かく思ひとらざらんには。などか罪なき子を失て吾つれなき命ながらへんとはすべき。

又汝（親吉）が首を刎て三郎がたすからんには。汝が詞にしたがふべしといへども。三郎終にのがるべき事なきゆへに。汝が首まで切て我恥をかさねんも念なし。汝が忠がほどはいつのほどにか忘るべきとて御涙にむせび給へば

信康が武田に騙されて謀反を起こすということは、本当のことだとは思わない。けれども今、乱世にあって、強敵に挟まれているさなかに頼りにできるのは織田殿の助けを待つしかない。今日織田殿の後援を失えば、徳川家は明日まで保たないだろう。だから、父子の情愛が捨てられないといって累代の家と三河国を滅ぼしてしまうというのは、子を愛することにはなろうが、祖先のことを思わないということになってしまう。わたしはそう思わなければ、どうして罪のない子を失ってまで、つれない命をながらえることができようか。信康の命を助けるためにお前（親吉）の首を刎ねよというお前の言葉に従うのはいいが、もう信康が逃れる術はない。お前の首まで斬っても、恥をかくことになるだけだ。が、お前の忠誠心の深さは今後忘れることはない。

そういって家康は涙にむせんだから親吉も言葉を失って退出し、謹慎したという。

かくして築山御前の首を落としてから二十日後の九月十九日。

家康は天方通綱《あまがたみちつな》と服部半蔵を二俣城へ行かせ、信康に切腹させた。信康は腹を掻き切り、苦

しんで服部半蔵に介錯を頼んだ。

が、半蔵は泣くばかりで刀を持てなかった。

見かねた天方通綱が信康の首を落とした。享年二十一。

家と領土と家臣たちが一番大切であったとしても、父として、夫として、家康個人の哀しみはいかばかりであったことだろう。

首は安土城の信長の元へ送られ、岡崎の若宮八幡宮（愛知県岡崎市朝日）に埋められた。

信康の遺体は二俣城の尾根つづきの山の松林のなかで荼毘《だび》に付され、そこに清瀧寺《せいりゅう》（静岡県浜松市天竜区二俣町）が建立されている。

信康の妻・徳姫は信康自刃の翌年、天正八年（一五八〇）二月二十日、岡崎城から実家の安土城へ帰った。

しかし、本能寺の変が勃発し、そのあとは次女・国子が本多忠勝の長男・忠政に嫁いでいたから、本多家の京都屋敷に住まった。

徳姫は徳川幕府三代将軍・家光の時代になっていた寛永十三年（一六三六）正月十日に亡くなった。

第二部　野望編

〔一〕 伊賀越え ❖四十一歳

◆武田氏を滅ぼして富士を見た信長

織田信長が安土城（滋賀県）を出発したのは天正十年（一五八二）三月五日である。

信長は、岐阜、犬山（愛知）を経て岩村（岐阜）へと軍馬を進めた。

信玄が亡くなったあとの甲斐を領国としている武田勝頼の勢力を掃討するためであり、すでにその戦いも終わろうとしていた。

長男・信忠の先発軍が順調に武田家の支配地を征圧していたのだ。

家康が駿河（静岡）から、金森長近《かなもりながちか》は飛騨（岐阜）から、北条氏政は関東から、信長の嫡子・信忠が伊那（長野）から甲斐に攻めこんで、武田軍は壊滅的な打撃を受け、勝頼は間もなくその長男・信勝《のぶかつ》らとともに天目山《てんもくざん》の麓の田野《たの》（山梨県東山梨郡）に追いつめられて腹を切った。

そして、勝頼一党の首は、根羽（長野県下伊那郡根羽）に陣を移した信長の前に据えられた。

信長は、おそらく、この国道153号線が通るさびれた集落である根羽まで勝頼父子の首を持って来いと命令したにちがいない。

というのは、信長の最も恐れていた信玄が、ここで病に倒れて死んだからである。

つまり、信玄・勝頼・信勝三代の死をその目で再確認して勝者であることを内外に示し、誇ったのだ。

勝頼父子の首を飯田（長野県飯田市）にさらしたあと、信長は高遠（長野県伊那市）に陣を移した。

筒井順慶やキリシタン武将の高山右近、明智光秀らをひきつれ、甲斐攻めに戦功があった者に略奪した領土や高価な品々や黄金を褒美としてあたえながら、という豪勢な旅であった。

高遠からは杖突《つえつき》峠を越えて諏訪（長野県諏訪市）に入り、諏訪上社本宮のとなりの法華寺を本陣とした。

この寺は、吉良上野介義央の嫡子・義周の墓があることで知られている。

『信長公記』に、三月二十八日の出来事が書いてある。

今日以外に時雨《しぐれ》、風ありて、寒じたる事、大形《おおかた》ならず。人余多《あまた》寒死《こごえしに》候ひき。信長公は諏《す》訪《わ》より富士の根かたを御見物なされ（ひどい時雨で、風も強く、ひどい寒さである。多くの者が凍死した。信長は諏訪から富士の裾野を見物した）

もともと諏訪からでは富士は見えにくいが、時雨ていたから鉛色の雲が重くたれこめて富士山は見えなかったと思われる。

さらに信長は、諏訪から台ヶ原（山梨県北杜市）に移動し、四月三日にそこから新府《しんぷ》城（山梨県韮崎市中田町）に向かった。

そして、

五町ばかり御出で候へば、山あひより名山、是ぞと見えし富士の山、かうかうと雪つもり、誠に殊勝面白き有様、各々見物、耳目を驚かし申すなり

という。

信長がはじめて富士を見たのは、台ヶ原から国道20号線を「五町ばかり」（五、六〇〇メートル）南下し、尾白川の手前を左に折れて長坂へ向ううねりくねった花水坂（武川村）をのぼってゆく途中であった。

それまで暗い雲にかくれて見えなかった皓々とまばゆく輝く雪につつまれた「名山」が遠くに見えたのである。

さしもの信長も、その美しさに感嘆の声をあげたにちがいない。

また、この日から数えてちょうど二カ月後の六月二日早暁に京都・本能寺を急襲することに

なる光秀は、このとき、信長の傍らにいてどのような面持ちで白い富士を見つめていたのだろう。

◆家康のとくに行き届いた接待

信長は灰になった新府城を見たあと、甲府を経由し、笛吹川を渡って中道往環《なかみちおうかん》に出た。富士の西麓を通って駿河（静岡）に抜ける街道（国道139号線）である。

まず、右左口《うばぐち》に陣をとった。

『信長公記』では、この四月十日から家康が登場する。

家康は信長から駿河一国をあたえられており、その礼に来て、信長を接待するのだ。

それは、並の接待ではなかった。

信長軍のかついでいる鉄砲が道の両側の竹や木にひっかからないように枝や葉を切り払い、道の幅をひろげ「左右にひしと透間なく警固を置かれ、石を退け、水をそゝぎ」陣屋をしっかりとつくらせて、用心のため二重三重に柵で囲んだ。

さらに、その陣屋の周囲には、兵の小屋を千軒以上も建て、食べ物もすべて用意した。

信長は上機嫌で「奇特（きわめて褒めるべきこと）と御感なされ候キ」という。

家康はあらかじめ信長から長谷川竹《はせがわたけ》（秀一）という家来を借りてあった。

長谷川竹は信長が寵愛していた男色の愛人で、若いときから信長の用事を処理する秘書役のような存在だった。

この男からどうすれば信長が喜ぶのかを聞いて接待に当たったということであり、こうした行き届いたところが、家康が只者ではないことを物語っている。また、この長谷川竹がほんの数ヶ月後に家康の命を救うことになる。

右左口峠を越えて上九一色《かみくいっしき》村、精進湖や本栖湖のほとりを南下してゆく信長は、左手に聳える富士を眺めながら進んだ。

家康は至れりつくせりの接待をしつづけた。

大宮（浅間神社・静岡県富士宮市）に着いたときは、社内に御座所を設けておいた。一夜しか泊まらないのに、金銀をちりばめた陣所を建てておいたのである。

将兵たちも丁寧に接待したので、信長は秘蔵していた脇差（吉光作）と長刀（一文字作）黒《くろ》斑《ぶち》の馬を家康にあたえた。

家康は引きつづき蒲原にも茶屋をつくって酒肴を用意し、宇津谷《うつのや》峠の入口には館を建てておいて酒肴を献じ、という念の入ったもてなしぶりで、信長の満足そうな顔が目にうかぶ。

やがて、大井川にさしかかると、信長は馬で流れを渡ったが、その上流には家康の家来のなかから選び出された泳ぎのうまい男たちがずらりと立ち並んでいた。

川を渡る信長とその軍勢に支障がないように、家康は上流に家来を横一列に、肩を組ませ、何重にもたがい違いに立たせて大井川の水の流れを弱めて、なにかあったときにはすぐ対応できるようにしたのだ。

川の面に人余多立ち渡り、かち人聊爾《りょうじ》なき様（まちがいのないよう）に渡し申候なり

という。

これほどまで繊細に上司や先輩に気を遣った例を、日本史の史科のなかから見つけ出すのは難しい。

家康がどんなに律儀に信長につくしたか、どれほど深く信長を尊敬し、おそれていたかがよく理解できる場面である。

◆決意を秘めた光秀の目的

しかし、家康のこの行き届いた配慮が、結局は信長を油断させて無防備で本能寺へ行かせる原因のひとつになったのではないか。信長は、力でおさえて従属する者は、誰もがこのように膝を屈して自分に仕えるのだ、という錯覚にとらわれてしまったのではないか。

このあと、信長は東海道を観光気分でゆるゆると下り、浜松で弓隊と鉄砲隊以外を自由に帰らせた。

安土までは、信長が泊まるたびに、休息するたびに、陣屋や茶屋がしつらえられ、歩いてゆく道の石は取りのぞかれ、平らにされていた。

信長は四月二十一日に安土城に帰着した。

そして、五月十五日、家康は安土城を訪れた。

家康は信長に金三千枚と鎧三百領を献上した。

甲斐の武田氏を滅ぼした信長から駿河一国を賜ったことに対する返礼のためである。

このとき、家康は武田家を裏切り、家康を甲斐へ嚮導《きょうどう》した信玄の甥・穴山梅雪をはじめ、酒井忠次、石川数正、本多忠勝、榊原康政ら重臣を連れているだけで、武備を整えた軍勢はひきいていなかった。

安土城訪問は、取り急ぎの儀礼的な色彩が強かったのである。

信長による盛大な酒宴、観能などの接待を受けたあと、家康一行は京都と堺（大阪府堺市）の見物に行き、そこでも豪商である津田宗及《そうぎゅう》、今井宗久《そうきゅう》たちの茶会の接待を受けた。

家康の接待役に任じられていた明智光秀は、五月十五日から十七日までの安土城における三日間の饗応を終えると、信長から備中高松城《びっちゅうたかまつ》（岡山県岡山市）を水攻めにしている羽柴秀吉の後援を命じられた。

そして、その十七日のうちに光秀は坂本城（滋賀県大津市）へ帰り、さらに二十六日には居城である丹波・亀山城（京都府亀岡市）へ赴くと、二十八日には愛宕山に詣でた。

熟睡できないまま迎えた翌二十九日に、連歌の会を催した。

会は愛宕山の西ノ坊・威徳《いとく》院で催され、その西ノ坊の行祐や連歌師・里村紹巴《さとむらじょうは》などが招かれていた。

時は今あめが下しる五月かな（光秀）
水上まさる庭の松山（行祐）
花おつる流れの末をせきとめて（紹巴）
風はかすみを吹き送る暮（宥源）

光秀はみずからの句にどのような意味をこめたのだろう。

どの瞬間であったはわからないが、光秀は信長暗殺の実行を決意し、反芻《はんすう》したことだろう。

そして、光秀は織田家の有力武将がいま現在置かれている場所を確認した。

まず、二十八日まで京都にいて、二十九日に堺に向かった徳川家康は、わずかな供回りを連れているだけだ。まったく無力な存在である。

滝川一益は上野・厩橋《まやばし》に入部したばかりだし、柴田勝家は越中・魚津《うおづ》を包囲して上杉景勝と交戦中だ。どちらもすぐさま京大坂へ戻ることはできない。

丹羽長秀《にわながひで》は四国遠征のため大坂・住吉から進発するところであり、羽柴秀吉は備中高松城（岡山市北区高松）を水攻めにして毛利軍と対峙していて身動きができないでいる。

つまり、光秀の行く手をさえぎる者は誰もいなかった。

では、分別も知恵もある五十五歳の光秀が、なぜ信長襲撃を決意し、それを実行に移したのか。

その理由は光秀の気質説、怨恨説、将来に対する不安説、復讐説などさまざまにいわれる。

また、たしかに信長の非情と冷酷が光秀に反逆の決意をさせた側面を見逃すこともできない。

が、目的はひとつしかなかった。

この時期、信長はすでに日本の中枢部三十数ヶ国を領国におさめて天下布武《てんかふぶ》を実現させようとしていた。

その信長を倒し、光秀は天下統一の大業をみずからの手で完成させたかったのである。乱世に武将として生きる男らしい男ならば当然の野望であった。

光秀が連歌の会を催していたのと同じ五月二十九日、信長は秀吉のもとへ赴くため安土城から京都に入り、本能寺を宿舎とした。

本能寺は応永二十二年（一四一五）の創建で、境内には仏殿をはじめ、客殿も厩舎もあり、信長が小体な城のような造りに変えていた。

場所は南蛮寺と近い蛸薬師、西洞院通り（四条）にあった（後に秀吉の命令によって現在の中京区寺町通り御池下ルの地に移転）。

また、すでに長男の信忠（岐阜城主）が二十一日から二条の妙覚寺（京都市上京区御霊前通）に入っていた。

◆本能寺を囲む光秀軍一万三千

光秀が物頭を集合させて進発の命令を出したのは六月一日申の刻（午後四時）である。

そして、二時間後には亀山城の東の条野に兵を集結し、五人の重役に真意を打ち明けた。

女婿（従弟）の明智秀満《ひでみつ》をはじめとする次右衛門、藤田伝五《でんご》、斎藤利三《としみつ》、溝尾勝兵衛《みぞおかつべえ》の五名である。

こうして光秀が亀山を発ったのは、六月一日亥の刻（夜十時）であった。

京都までは五里（二〇キロメートル）のゆるやかな下り坂で、ごく普通に歩いても五時間あれば到着できる距離である。

光秀軍は、本来ならば三草越えで中国へ向かうはずだったが、亀山から老ノ坂《おいのさか》に出て、さらに東の沓掛へ向かった。

もちろん、光秀は信長が本能寺にいることを知っていた。

当然のことながら、足の早い乱波《らっぱ》に確認させてもいただろう。

そして、この日の信長は、近衛前久をはじめとする公家、門跡たちを招いていた。

彼らが辞去し、酉の刻（午後六時）ごろになると、妙覚寺にいた信忠が、本能寺門前に屋敷を構える京都所司代・村井貞勝《さだかつ》とともに来訪し、近習たちも加わって酒宴になった。

酒宴が終わったあと、信長・信忠父子は寂光院《じゃっこういん》の僧・日海と、名人といわれる鹿塩利賢《かしおりげん》の碁の対局を見た。

そして、信忠が宿所の妙覚寺へ帰り、信長は寝所に入った。

光秀は丹波街道が京都盆地の平野部に入る沓掛の近くで三隊に割った一万三千の兵を休憩させ、弁当を使わせた。

沓掛を出た全軍が桂川を渡ると、光秀は将兵の火縄に火を点じ、新しい足半《あしなか》（草鞋）を穿けと命じた。

そして、ここで本能寺にいる「徳川家康」を攻撃するという軍令を発した。

信長を襲うというと、将兵が動揺しかねなかった。

そして、雨が降っていた。

本能寺合戦の図（『絵本太閤記』国会図書館デジタルコレクションより）

頼山陽《らいさんよう》が後世「四簷《しえん》の梅雨天墨の如し」と詠じている。

あちこちの軒に梅雨が降りつのり、空は闇のように暗いという意味だが、それはまさに光秀の心境であったに違いない。

先鋒の斎藤利三軍が京都市中の町境の木戸を次々と開いて進撃し、諸隊も同様に四散した形で大路・露地を問わず、四方八方から木戸を破って本能寺に迫った。

光秀が本能寺を完全に包囲したのは六月二日（新暦七月一日）未明である。

夜明けのうすい光があたりを領しはじめる時刻であった。

本能寺は町なかにあって、寺域もさほど広くない。

東西一五〇メートル、南北二〇〇メートルほどで、包囲した一万三千の軍勢は多すぎるくらいである。周囲に堀と塀がめぐらされていたが、光秀はまず一斉に鉄砲を撃ちかけ、木戸を破り、難なく塀を越えて境内に乱入した。

信長は、最初は家中の者が喧嘩でもやりはじめて騒々しいのかと思ったが、光秀軍が攻めこんできたと知ると「是非ニ及バズ」（考えても意味がない）といった。

信長は森蘭丸以下近習とともに広縁に出た。


初めには、御弓を取り合ひ、二、三つ遊ばし候へば、何れも時刻到来候て、御弓の絃《つる》切れ、其の後、御鎗《やり》にて御戦ひなされ、御肘《ひじ》に鎗疵《やりきず》を被《こうむ》り、引き退き、是れまで御そばに女どもつきそひて居り申し候を、女はくるしからず、急ぎ罷り出でよと、仰せられ、追ひ出させられ、既に御殿に火を懸け、焼け来たり候（『信長公記』）

十文字の鎌鎗をふるって闘う信長の姿が目にうかぶが、やがて、
御姿を御見せあるまじきと、おぼしめされ候か。殿中深く入り給い、内よりも御南戸（納戸）の口を引き立て、無情に御腹めされ（『信長公記』）

という。

森蘭丸、高橋虎松《とらまつ》、菅屋角蔵《すがやかくぞう》ら近侍もすべて闘死した。

ルイス・フロイスの『日本史』にはこうある。


この件で特別な任務を帯びたものが、兵士とともに内部に入り、ちょうど手を洗い終え、手拭で身体をふいている信長を見つけたので、ただちにその背中に矢を放ったところ、信長はその矢を引き抜き、鎌のような形をした長鎗である長刀という武器を手にして出て来た。そしてしばらく戦ったが、腕に銃弾を受けると、自らの部屋に入り、戸を閉じ、そこで切腹したと言われ、また他の者は、彼はただちに御殿に放火し、生きながら焼死したと言った（松田毅一訳）

◆報に接し、最短距離を逃げる

信長が自刃した六月二日の早朝、家康一行は、堺から京都に向かった。

本能寺に滞在している信長と会うためである。

この六月二日の朝、本多忠勝は、家康一行に先立って京都へ向った。

家康が訪問することを信長に前もって連絡するためであった。

そして、忠勝が河内・枚方《ひらかた》まで行くと、反対側から馬で走ってくる茶屋四郎次郎《ちゃやしろうじろう》と出会った。

茶屋は家康御用達の豪商で、京都の屋敷にいて光秀の反乱を知ったのである。

午の刻（正午）ごろのことで、茶屋は信長が本能寺で殺されたことを家康に知らせるために堺へ急行する途中であった。

話を聞いておどろいた忠勝は、茶屋とともにとって返し、河内・四条畷《しじょうなわて》の飯盛山《いいもりやま》城の麓まで来ていた家康に変報を伝えた。

家康は狼狽し、顔色を変えて「ただちに京都へ行って知恩院に入って追い腹を切る」といった。

すでに四十一歳になって冷静さと分別をそなえていたものの、さすがに家康も一瞬逆上したのではないか。

それとも家臣に対する配慮から、いちおう忠義顔をしてみせたのであったのか。

また、家康は信長の横死を知っても、まったく動ずることなく、悠然として、飯盛山城は三好長慶が本拠地にした要害の城だから、ここに立て籠もり、大坂にいて四国へ攻め込もうとしている丹羽長秀を呼んで光秀と一戦に及ぼうではないかといったともいう（『武徳編年集成』）。

真偽はわからないが、とにかく、ここは本多忠勝たちがこれらのことをおしとどめて「ここはひとまず逃げるべきでしょう」とさとして、家康はようやく従ったといわれている。

そして、家康は四条畷から飯盛、尊延寺《そんえんじ》に出て、宇治田原《うじたわら》に向った。

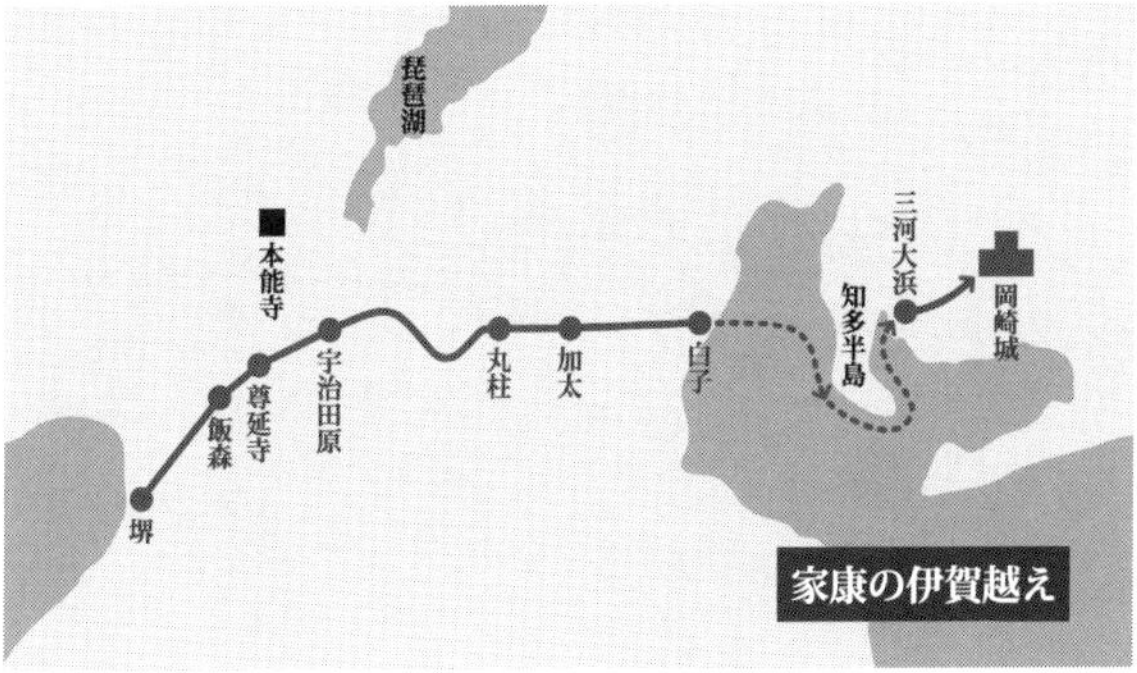

家康の生涯で最も苦しんだ「危機」からの逃亡体験のひとつである「伊賀越え」がはじまったのである。

大和は光秀と仲のいい筒井順慶の所領だから通りにくい。北へ向かって中山道か東海道に出る手もあったが、とにかく最短距離を選ぶことにした。

家康一行はまず、草内《くさじ》の渡し（京都府京田辺市草内）で木津川を渡り、山口甚助の宇治田原城（京都府綴喜郡宇治田原町）に泊まった。山口甚助と、先に述べた同行していた長谷川竹とが面識があったからである。

道は細く、かなり急峻な上り下りが多く、うねりくねり、両側にはびっしりと木々が生い繁っている。

幅のせまい路面は草に覆われ、すだく虫の声があたりを領しているだけだ。

深い谷や山中の斜面、岩かげや草のなかに潜伏して不意の攻撃を仕掛けられれば難なく討ちとられてしまう場所が、延々とつづいていると考えなければならなかった。

とにかく身辺は重臣たちだけで、軍勢をひきいていない。総勢三十四名だから、丸裸同然の身の上である。落武者狩りや野伏《のぶし》に襲われる危険がどこにでもあった。家康はたいそう心細かったと想われる。

事実、石原村では一揆数百人に包囲され、行く手をさえぎられた。

本多忠勝、高力清長らが防戦してようやくここを脱出し、一行はほうほうの体で多良尾光俊の小川《おがわ》城（滋賀県甲賀市信楽町）へ逃げこんだ。

多良尾光俊は宇治田原の山口甚助の父親である。

その光俊が赤飯を出すと、家康主従はものもいわずこれをむさぼり食ったという。百姓一揆に追われるだけではなく、空腹にも追われてほとんど手づかみで頬張る、という様子であった。

小川城で一泊して力をとりもどした家康一行は、丸柱《まるばしら》、柘植《つげ》、加太《かぶと》経由で、伊勢湾に面した白子《しらこ》（三重県鈴鹿市）の港に至る。

◆別行動をとった穴山梅雪の悲劇

ところで、家康に同行していた穴山梅雪だが、家康一行と山田村で別れたといわれている。独自に別行動をとり、宇治から木幡《こはた》越えをして近江（滋賀）に入り、美濃・岩村を抜けて郷里の甲斐へ逃げ帰ろうとしたのである。

しかし、梅雪は草内近くの木津川西岸の渡し場で案内人や郷民と諍《いさか》い（原因不明）を起こして、家来十一名とともに殺されてしまった。

その死について『老人雑話』に、実は家康が梅雪を殺したという話が出てくる。

梅雪は駿河・江尻城主として家康の配下にあったが、殺してしまえば所領を奪うことができるということで、いかにも戦乱の時代にはありそうな話だ。

しかし、

穴山殿は出発が遅れ、部下も少数であったため、幾度となく襲撃され、先ず部下と荷物を失い、遂には自身も殺されてしまった（「日本耶蘇会年報」）

という説が正しいところだろう。

梅雪は危機から逃亡するときの判断ミスと、不運のために命を落としたと思われる。

逃げるときはただ逃げればよいのでなく、それなりの深い思慮を要するということであり、あらかじめ逃げるという事態に備えた行動をとらなければ戦国を生き抜くことはできないということだろう。その点、家康は「金ケ崎の退き口」で信長に置き去りにされて逃げ、三方ケ原の合戦で信玄に惨敗し、恐怖のあまり糞を漏らしながら逃げた体験がある。逃げるときのノウハウは充分持っていた。

梅雪が殺されたのは、信長が死んだのと同じ六月二日夕刻で、家康たちと別行動をとってから二、三刻（四〜六時間）後のことであった。

◆「伊賀越え」功労者の恩に報いる

一方の家康は、ひたすら先を急いだ。

行く手をさえぎる者には茶屋四郎次郎が持っていた金をバラ撒き、褒美を約束し、伝手をもって懐柔し、威嚇し、ときには刀槍を使った。

あらゆる手段を講じて逃げ延びようとしたわけだが、わけても服部半蔵をはじめ、富田弥兵衛、山中覚兵衛らを指導者とする伊賀者の協力が大きかった。

彼等はその土地その土地で家康を迎え、合流し、家康一行を白子港まで送りとどけたのである。

というのも、かつて信長が伊勢・伊賀に侵入して片っ端から人々を殺した「天正伊賀の乱」のとき、追い散らされて三河領に逃げ込んできた伊賀者を家康が受け入れ、雇い入れたといういきさつがあったからである。

こうして家康が白子に到着したのは六月三日であった。

幸運なことに、ちょうど伊勢の角屋七郎次郎《かどやしちろうじろう》の柴を積んだ船が白子に寄港していた。

角屋は伊勢・大湊《おおみなと》を中心に活躍していた廻船業者で、のちに小牧《こまき》・長久手《ながくて》の合戦にも陣船を出したほど松平家と親しい間柄であり、家康はたしかに幸運に恵まれていた。

そこで家康は四日に角屋の手配してくれた船に飛び乗って海に出て、伊勢湾を横切った。

おそらく家康はその船の上で、ここまで来れば、さすがに安心だと思い、ようやく安堵の息を漏らしたに違いない。

船は五日早朝に、三河・大浜の港に無事入港した。

これが「神君伊賀越え」である。

こうして死に瀕する「危機」から脱出して岡崎城に帰った家康は、いちはやく穴山梅雪の所領をおさえ、背後の守りを固くした。

そして、早速出陣を命じた。十四日のことで、その日のうちに尾張・鳴海(愛知)まで進出した。

もちろん光秀と対決するためである。

さらに、十六日には、家康軍の先鋒・酒井忠次の軍が尾張・津島（愛知）まで進んだ。

しかし、このときすでに決着がついていた。

羽柴秀吉の軍が山崎（京都）の合戦で明智光秀を倒したという知らせが飛びこんできたのだ。

家康は、秀吉に、ほんの数日遅れただけであったが、その数日の遅れによって天下を先に奪われてしまった。わずかな遅れによって、家康はとりあえず秀吉配下の律儀な協力者にならざるを得なかったのである。

のちに家康は多良尾光俊に近江と山城に所領をあたえた。豊臣秀次《ひでつぐ》の事件に連座して改易されたが、光俊の子の光太は家康の旗本に取り立てられて歴代信楽《しがらき》代官を勤めた。

服部半蔵は伊賀や甲賀と交渉し、配下も連れてきて家康を守った。与力三十名、伊賀衆同心二百名の統領に任じられ、八千石の旗本に取り立てられた。

茶屋四郎次郎は幕府の御用商人になり徳川家御用達の呉服を扱った。三代・清次《きよつぐ》は家康の側近となり、朱印船貿易で莫大な富を得た。

角屋七郎次郎も朱印船を建造し、小牧・長久手の戦いで軍艦として活用し、家康の領土内における廻船自由の権利をあたえられた。

これら四人は伊賀越えで家康を大きく助けた手柄への恩返しであった。

〔二〕小牧・長久手の戦い ❖四十三歳

◆山崎の合戦で完勝した羽柴秀吉

天正十年（一五八二）六月二日早暁の「本能寺の変」。

羽柴秀吉がこの変を知ったのは、翌六月三日夜である。

備中高松城（岡山市）を水攻めにしていた秀吉は、翌六月四日正午過ぎに城将の清水宗治《むねはる》に腹を切らせ、その三時間後には毛利との和睦を成立させた。旧知の間柄であった毛利家の政僧・安国寺恵瓊《あんこくじえけい》を通してたくみな外交を展開したのである。

そして、五日には極秘に撤退準備を済ませて、六日の午前二時ごろに全軍の撤退を開始した。

秀吉も配下の将兵も、ひたすら走った。

走って走って、走りつづけて、七日夜か八日の早暁には、姫路城に着いた。備中高松から姫路まで約一〇〇キロメートルを四十八時間で走破したのである。長い道を、力をふりしぼって駆けて走って秀吉軍の疲労は極限に達していた。


草ずりはちぎれ、袖落し、泥土によごれ、肉は落ち、目は窪み、眼光炬の如し（『武功夜話』）

という。これが有名な「中国大返し」である。

そして、秀吉は九日の早朝、この日も大雨のなかを姫路から御着《ごちゃく》城、加古川《かこがわ》城を経て、大明石（ＪＲ明石駅付近）から兵庫（神戸）に出た。

十日には尼崎に進出し、十二日には秀吉軍の先鋒がはやくも山崎や勝竜寺《しょうりゅうじ》城（京都府長岡京市）近くにまで進んで放火したり、光秀軍と鉄砲を撃ち合ったりした。乱波のたぐいを放って偵察させたり挑発したり、小競り合いを展開して前線の敵状を把握しようとしたものと思われる。

一方、本能寺で信長を殺したあと、明智光秀は佐和山《さわやま》城や長浜城（滋賀県長浜市）を攻略し、安土城に入った。

そして、秀吉が姫路城を出発した九日には、たのみにしていた女婿の細川忠興とその父・幽斎に与力をことわられ、十日にはあてにしていた筒井順慶にも洞ヶ峠《ほらがとうげ》で合流する約束をすっぽかされた。

こうして秀吉を山崎（京都府乙訓郡）で迎撃すべく布陣した光秀には、しかし、にわかには信じられなかっただろう。

水攻めをやっている以上、作戦が終了するまでには、一ヶ月や二ヶ月はかかる。秀吉はそれまで備中高松から動けないだろう。あるいは毛利に背後を衝かれて秀吉は敗北するかもしれない、と考えていた。

ところが、毛利宛に送った密書の返事が来ないばかりか、秀吉がほんの数日でもどってきた。これには、光秀は愕然としたはずである。

あり得べからざることが起こったが、どう対応すればよいかと、狼狽するのが自然である。秀吉の強行軍の光秀にあたえた衝撃は、そのまま大きな打撃をあたえることになったといえる。

この奇跡とでも呼ぶべき電撃的な反転で、勝負が決まったのである。

光秀は山崎の合戦の前日、

予がごとく（信長を討ちとるという）大利を得たる大将には、いかなる天魔波旬も向《むか》い得ざるものぞ

と書状で啖呵を切ったが、その威勢のいい言葉の背後には、あきらかに虚勢とおびえが透けて見える。

そして、十三日、光秀は一万六千の兵をもって山崎の天王山の南麓にある隘路《あいろ》を通って東上しようとする四万の秀吉軍を迎え撃つ形に布陣し、午後四時ごろに戦端が開かれた。

合戦は円明寺川（小泉川）をはさむ平野部、現在の大山崎町全域で行なわれた。

最初は攻め込んだり、攻め返されたりであったが、秀吉軍が光秀軍の側面と背後を叩くと、ほどなく総崩れになった。

光秀は勝竜寺城へ逃げこんで、夜の闇と雨にまぎれて居城である近江・坂本城（滋賀県大津市）を目指して落ちのびた。

そして、伏見経由で小栗栖《おぐるす》（京都府京都市伏見区）にさしかかったところを竹藪にひそんでいた百姓に竹槍で刺された。

馬に乗っていたところを草むらのなかから斜め上に突きあげられた光秀は落馬し、馬廻りの者が襲いかかってくる百姓たちをなんとか追い払ったものの、光秀自身が助からないとあきらめ、その場で腹を切ったといわれる。溝尾勝兵衛が介錯した。

秀吉は書状のなかで無造作に、光秀は「百姓ニ首をひろわれ候事」といっている。

◆秀吉に手玉にとられた信雄・信孝

織田信雄《のぶかつ》は永禄元年（一五五八）信長の次男として生まれた。

母は長男の信忠と同じ生駒吉乃《いこまきつの》である。幼名は茶筅丸《ちゃせんまる》。

信長の三男は信孝《のぶたか》であるが、実は信雄よりも信孝のほうが二十日あまり先に生まれていた。

母の身分が低く（詳細不明）信長への報告が遅れたためで、このことは成人してからの二人の確執の原因になった。

信長は永禄十二年（一五六九）伊勢の名族の北畠具教《きたばたけとものり》・具房《ともふさ》父子の守る大河内城を攻略し、十一歳になる茶筅丸に北畠家を継がせるという条件で講和を結んだ。

元服した信雄は天正三年（一五七五）に北畠の当主となったが、北畠家側と織田家側の争いが絶えなかったため、信雄は信長の命によって北畠一族を討った。

北畠家は伊勢の国主として南伊勢、伊賀、志摩、大和などのあわせて十三郡を領有していた中世以来の名家であり、北畠姓を名乗ることになった信雄は南伊勢と伊賀三郡を領した。

が、二十一歳のとき信長に相談なく勝手に伊賀に出兵して武将の柘植三郎左衛門を討死させ、このことを聞いた信長は激怒して「親子の縁も認められぬ」とまで書いた折檻状をあたえたことが『信長公記』に記されている。信長はさぞ父親として信雄の能力不足に落胆したことであろう。

このあと、信雄は父にしたがって中国征伐などに参戦して信長の全国制覇の一端をにない、二十五歳のときに信長が本能寺に倒れるという悲運に見舞われた。

信雄は明智勢が撤退したあとの安土城に火を放ったといわれ、伊勢から近江にまで兵を進めはしたものの、光秀の敗死を知ると伊勢に引き返したともいわれている。

天下取りの半ばで倒れた信長の後継者選びは難問題だった。

信長の長子・信忠は本能寺の変で討死し、前述のように次男の信雄と三男の信孝は犬猿の仲であっただけでなく、信長の家臣である秀吉と柴田勝家の熾烈な勢力争いがからんでいたからである。

有力な家臣たちがそれぞれに考えを持ち、潜在的に揉めていても問題は片付かないから、集まって会議を開こうということになった。信長亡きあとの織田家の後継と運営をどうするかの話し合いである。

ここで開催されたのが秀吉、柴田勝家、池田恒興《つねおき》、丹羽長秀の四人による六月二十七日の「清洲会議」である。

この会議の結論は、信雄・信孝を飛びこえて、本能寺の変の朝、京都の二条御所で死んだ信長の長男・信忠の子の三法師（秀信）が織田の宗家を継ぐことに決定された。

また、十月十五日には、秀吉は京都・大徳寺で信長の葬儀を大々的に営んだ。

この葬儀の主催者が秀吉である、ということは、秀吉が紛れもなく信長の後継者であるということを世間に広く知らしめようという意図である。

その翌年の天正十一年（一五八三）四月二十一日「賤ケ岳《しずがたけ》の戦い」（滋賀県木之本町）で秀吉と戦った柴田勝家は、北ノ庄《きたのしょう》城（福井城）に追い詰められて自刃した。

岐阜城にいた信孝は、柴田勝家と組んでいたから、城を囲まれた後に自害した。

いまや秀吉は、手をのばせば天下に触ることができる地位に成り上がっていた。

◆信雄に泣きつかれて対秀吉戦へ

このころ「御本所」と呼ばれていた信雄は、本拠を清洲城に移した。

信雄の領地は尾張・伊勢・志摩と大和二郡のあわせて百万石になっていた。そして、すべてが自分に都合よい結果となっていると、信雄は思いこんでいた。錯覚である。

というか、信雄は大きな誤ちを犯していた。

秀吉の力を侮っていたことである。

秀吉はすでに賤ケ岳の戦いで勝った後、天正十一年（一五八三）秋から、信長の求めてやまなかった大坂に、巨大な大坂城を築きはじめていた。そういう凄いことが、あまり賢くない信雄の眼には見えていなかった。

秀吉は信雄攻撃の手を緩めなかった。

峰城（三重県亀山市）、神戸《かんべ》城（三重県鈴鹿市）、浜田城（三重県四日市市）などを次々と攻め落とし、伊勢一国を征圧してしまった。

先ごろは、秀吉は信孝・勝家を滅ぼすために、上手に信雄を利用した。信孝を攻めるときにも、勝家に迫ったときも、信雄を戦の前面に押し出して戦ったのはそのためであった。

信雄は秀吉が都合よく使う駒、ただの傀儡《かいらい》に過ぎなかった。

ようやく自分を取り巻く状況に気づいた信雄は、父・信長と固い盟友関係にあった徳川家康のもとへかけこんだ。


今は早や徳川殿ならでは外に頼み参らせん方なし、哀れ願はくは右府（信長）の旧好を思召《おぼしめし》、棄て給はで今度の危急を救はせ給へ、信雄が進退是時に極まれり（『名将言行録』）

信雄はなりふり構わず家康に泣きついた。

とにかく、山崎の合戦で光秀を倒した秀吉は、賤ヶ岳の合戦で柴田勝家を倒すと、たちまちのうちに天下取りの頂点を目指す先頭を走る実力者にのしあがっていた。

一方の家康もまた、天正十年（一五八二）春に行われた信長最晩年の武田氏掃討作戦のあと、駿河・遠江・三河・甲斐・信濃の五か国を領する強大な権力者に成長していた。

となれば、次の天下人は秀吉か家康か、ということになる。

こうして天正十二年（一五八四）三月六日、信雄は家康と相談のうえ、家老の岡田重孝《しげたか》、浅井長時、津川雄光を誅殺した。三人とも秀吉に人質を出していたが、三人とも秀吉と通じていたという嫌疑によるもので、信雄はただちに秀吉と断交し、宣戦布告した。

家康は信雄の要望で、三月七日に一万五千の兵をひきいて浜松城を出発し、十三日夜には清洲城に入った。

そして、同日、秀吉についた池田恒興が犬山城（愛知県犬山市）を攻め落とし、この情報に接した家康と信雄はただちに小牧山城（愛知県小牧市）に登ってここを本陣と定めた。

ここに小牧・長久手の戦いといわれる、以後八ヶ月にわたる戦いがはじまった。

先に兵力を述べておくと、秀吉の十数万の兵に対して信雄・家康の連合軍は、三万に及ばなかった。

これは、家康にとって新しい大きな「危機」であったことはいうまでもあるまい。

◆少人数で大軍に向かう本多忠勝

まず、家康は小牧山城の修築を行い、十七日に酒井忠次や奥平信昌、榊原康政が羽黒《はぐろ》城（愛知県犬山市）とその周辺に陣を張っていた池田恒興・元助《もとすけ》父子と恒興の女婿の森長可《もりながよし》らを襲ってこれを潰した（小牧の戦い）。

大坂でこの報せを受けた秀吉は、二十一日に出陣した。

軍勢三万を率いた秀吉は二十四日に岐阜へ、二十八日には犬山城に入って、翌日には小牧山の東の楽田《らくでん》（愛知県犬山市）に本陣を置いた。両者二十数町の距離を置いて向かい合ったのである。

そのあとは小牧山城の家康軍も、秀吉軍も、慎重に構えて動かず、睨み合いが続いて戦線は膠着したままになった。

しかし、その状況は秀吉に不利に働いた。大軍を無為徒食させている状況に、焦りが生じてきた。

そこで、羽黒城で負けた森長可が、家康が主要軍とともに小牧山城に陣取っているということは、三河本国がガラ空きになっているということだから、密かに三河に侵攻して岡崎城を攻め、家康の背後を攪乱したらどうか、と献策した。「三河中入」と呼ばれる作戦である。

秀吉は慎重に構えて最初は賛成しなかったが、やがてはこの提案を採用し、甥の秀次を総大将とする池田恒興・元助父子や森長可ら二万の軍を動員して南へ向かわせ、まず岩崎城（愛知県日進市）を落とした。

秀吉は改めて楽田一帯に進出して「二重堀」と呼ばれる砦を築いた。

家康を小牧山城に足止めしておくためだった。

そして、秀吉は全軍を十六段に組んで、家康の小牧山城に攻めかかろうとした。

このとき家康の子飼いの将である本多忠勝は「以《もつ》て の外の大事なり。忠勝一人たりとも長久手に馳行《はせゆき》て討死せん」といい、わずか五百の手兵をひきいて最前線に出たという武勇談がある。

犬山城（愛知県犬山市）

小牧山城の家康の陣跡（愛知県小牧市）

竜泉寺川という川をはさんで向い合った秀吉軍に、忠勝は鉄砲を撃ちかけた。

秀吉は、この少人数で自分の大軍に立ち向かう者がいることに驚いて「さてさて不敵の者も有《あ》るものかな」とそばにいた稲葉一鉄《いってつ》（西美濃三人衆の一人・春日局の外祖父）にたずねると「鹿の角の前立物に白き引廻しは、先手姉川にて見覚えたる徳川が股肱の勇士本多平八にて候」とこたえた。

秀吉は自分が討死にして家康軍を助けようとしている忠勝の、主思いの熱い気持をくんで涙を流しながら「矢の一筋もいかく（射掛く）べからず」と、攻撃をさせなかった。

忠勝は臆する風もなく、竜泉寺川の水辺まで単騎で降りて、馬に口をすすがせ、これを望見した秀吉は「其挙動を感ずることかぎりなし」（『徳川実紀』）という。

忠勝は鹿角脇立兜《かづのわきだてかぶと》をかぶり、黒糸威胴丸具足《くろいとおどしどうまるぐそく》を着、肩から斜めに大数珠をかけていた。大数珠は自分が討ちとった者を供養する印である。いかにも戦国武者らしい「絵」になる光景であり、譜代の家臣を持たない秀吉は、その忠勝を、惚れ惚れと見つめながら家康を羨んでいたと思われる。

◆和睦後にはじまった外交合戦

そして「三河中入」だが、森長可や池田恒興たち別働軍の動きを篠木《しのぎ》（愛知県春日井市）の郷民の知らせで察知した家康は、八日の夜、小牧山から二里（八キロメートル）ほど離れた矢田川のほとりにある小幡《おばた》城（愛知県名古屋市守山区）に陣を移動させた。この城は小牧山城と三河との連絡をつなぐ節所である。

翌九日の朝、家康軍の榊原康政と大須賀康高《おおすがやすたか》は別働軍の三好信吉と戦ってこれを破り、三好軍は長久手方面へ逃げ散った。

これはまずいと考えた池田恒興たち別働軍は、それまで進んでいた方向とは逆方向の長久手へ向かった。

家康も、長久手へ軍を進めた。そして榊原たちの軍と別働軍を挟み込んで激しく攻め立て、総崩れさせた。

別働軍は仏ヶ根《ほとけがね》（愛知県長久手市）で池田恒興・元助父子と森長可が討死にし、以下二千五百の将兵が戦死した（一万余とも？）。

総大将の秀次はようやく逃げ切ったものの、この「三河中入」は拙劣な作戦で家康軍は野戦に強かったから、戦いは秀吉の完敗で終わった（長久手の戦い）。

秀吉は五月になると犬山や羽黒に配下の将兵を配して美濃へ入り、信雄側の竹鼻《たけがはな》城（岐阜県羽島市）を水攻めにし、六月二十八日には大坂へ帰着した。

家康も浜松へ帰り、信雄も伊勢へ帰った。

秀吉は八月八日、未完成だった大坂城に入った。

頭の回転が速い秀吉は、このあと外交交渉で家康を落としにかかる。

手はじめに、天正十二年（一五八四）十一月十一日、秀吉は信雄を落とした。

信雄は伊勢・矢田河原《やだかわら》（三重県桑名市矢田磧）で秀吉と会見し、家康に断りなく、単独で和睦してしまったのである。信雄には先を見通す想像力がなかった。

和睦の条件は、信雄は秀吉に伊勢（北伊勢五郡を除く）と伊賀を割譲し、人質を出すことだった。

秀吉の巧みな外交手腕で、家康は文字通り寝耳に水、どころか、熱湯である。

これで家康が秀吉と戦う大義名分を失ったということであり、さすがの家康も大きな衝撃を受けたと思われる。また、家康は信雄の愚かさにあきれたろうが、もはやどうすることもできなかった。

五日後の十一月十六日、家康は兵を納め、浜松城へ撤収した。

そして、秀吉と信雄の和睦を祝し、家康は石川数正を使者にたてて京の秀吉のもとへ賀詞と「初花《はつはな》」（肩衝《かたつき》）という茶壺を届けさせた。家康としては、腸が煮えくり返る「祝意」の表現であっただろう。

これが家康の使者・石川数正と秀吉の初対面で、後述するが、この祝いの品のやりとりが契機になって重大な事件が発生し、家康を仰天させることになる。

秀吉は返礼として家康に信長が愛蔵していた名刀「不動国行《ふどうくにゆき》」を贈った。

秀吉はさらに家康との和睦を考え、和議の使者を送って上洛を促した。

家康はこれを「今さら都恋しき事もなし」（『東照宮御実紀』）とこたえ、曖昧な態度をとり続けた。

すると秀吉は、家康に家を譲ることができる男子がいないから、御曹司の一人を申し受けたいと要請した。

家康はやむなく次男で十一歳の於義丸《おぎまる》（結城秀康）を秀吉の養子に出すことにした。秀吉は、これに加えて於義丸には重臣の石川数正の子の勝千代と、本多作左衛門の子の仙千代をつけることを要望した。

家康はこの条件を受け入れ、十二月十二日には三人の子供たちを秀吉のもとへ送った。

家康は面子があるから、あくまで息子を「養子」に出した、と考えていた。

だが、秀吉側からすれば、三人の子供たちは明らかに「人質」だと思っていた。

まず、表面的にはこれでいちおう和睦したということになりはしたものの、家康と秀吉の根本的な対立が消滅したということではなかった。

どちらが天下を治めるかという最大の問題はそのまま残されていた。

とはいえ、秀吉は二十四ヶ国の主であり、家康は駿河・遠江・三河・甲斐・信濃の五ヶ国で計百三十万石だった。この極端な差を感じさせない戦いを展開している家康は世間では高く評価されていて、それがまた秀吉の頭の痛いところであった。

以後、秀吉は得意の外交戦で家康と戦うことになる。

秀吉は、

此度勝利を失ひても、海道一番の家康を、向後は長袴にて上洛之ある様に為すべく（『名将言行録』）

といっていたという。

小牧・長久手では敗けたが、海道一の弓取りである家康を、これからは長袴をつけて上洛させてやる、必ず服従させてやるぞという決意の表明である。

◆凡庸な信雄の犠牲者・佐々成政

信雄の凡庸さにほぞをかむ思いをした人物がもう一人いた。

越中の勇将・佐々成政《さっさなりまさ》である。

信長に属していた佐々成政は、信長の死後、柴田勝家に味方した。

勝家が滅びると、成政は秀吉に降った。けれども秀吉に嫌悪感をいだいていた成政はこの小牧の役では信雄に呼応して反・秀吉を明らかにした。

成政は天正十二年（一五八四）十二月、越中の富山城を出て、浜松に向かった。命がけで北アルプスを越えて信濃に出ようという無謀な企てであった。この「さらさら越え」と呼ばれる必死の旅の後、十二月二十五日に浜松城を訪ねてきた成政から決意を表明されたにもかかわらず、家康は態度を明らかにしなかった。

煮え切らない家康に失望した成政は、今度は清洲の信雄のもとへ駆けつけ、熱心に秀吉討伐をすすめた。

しかし、時すでに遅く、信雄は秀吉と単独講和を結んでいた。信雄が秀吉と手を結んだことなど、成政には信じがたいことであったにちがいない。

成政は一人、政局からとり残されてしまった。

北アルプスの厳寒深雪をおしてはるばるやってきた成政の失望は想像するにあまりある。成政の目には家康も自分の期待に応えられる男ではないという舌打ちしたい気持ちを抱いただろうが、それ以上に信雄はただの馬鹿な腑抜けとしか映らなかったであろう。

信雄を外交でうまく利用した秀吉は、こうして天下取りの道を驀進《ばくしん》し、やがて天下統一をなしとげるのである。

〔三〕石川数正出奔事件　❖四十四歳

◆幼少期からの重臣が秀吉のもとへ

小牧・長久手の戦いのあとも、家康と秀吉の対立はつづいた。

秀吉は家康と連携していた紀伊の雑賀《さいか》・根来《ねごろ》衆、四国の長宗我部元親《ちょうそかべもとちか》、越中の佐々成政らを抑え込み、家康を次第に孤立させていった。

孤立させた上で、秀吉は家康に上洛を求めた。

そして、天正十三年（一五八五）七月、秀吉は「従一位関白」に叙任された。関白は天皇の代理であり、直接補佐する最高の位階であり、それは秀吉がもはや「天下人」になったことを意味していた。

家康は大大名ではあったが、だいぶ差をつけられたことになる。

秀吉はさらに家康の上洛を求め、臣従させようとした。

しかし、家康も宿老たちも、家康の上洛を拒否はしないが、応じることはしないという曖昧な、やんわりした強硬論で突っ切ろうとした。

ところが、こうして上洛問題に苦慮していた天正十三年十一月十三日、家康の足もとで大事件が起こった。

家老であり岡崎城城代であった石川数正が、出奔《しゆっぽん》したのである。

それも、数正は松本城主・小笠原貞慶《さだよし》が家康に人質として預けていた嫡子・幸松丸を伴って姿を消した。

数正出奔を知ると、城番（副城代）は早鐘を打ち鳴らして岡崎中に危急を知らせた。

何事かと三河以来の諸将が続々と岡崎城に集結し、翌日の十四日には酒井忠次が吉田（豊橋）から、家康自身は十六日に岡崎城に着いた。

家臣たちは動揺し、数正の他にも裏切るものが出るのではないかと、みな疑心暗鬼になった。

それにしても、数正はなぜ家康から秀吉に乗り換えたのか。

秀吉が出した好条件に釣られた。秀吉の人間的な魅力に惹かれた。

数正は大所高所から政治情勢を見て柔軟に対応するタイプで、家康の上洛和睦を宿老たちや家康に説いたが、誰も賛成しなかった。挙句、数正は秀吉と誼を通じているのではないかと疑われる始末だった。

これは、数正を領袖《りようしゆう》とする、かつて二俣城で詰め腹を切らされた信康を担ぐ「岡崎派」と、家康を担ぐ酒井忠次を指導者とする「浜松派」が水面下で抗争していた結果であった。

このように数正出奔の理由は様々に取り沙汰されるが、結局、わからない。

が、とにかく問題は数正が惣先手侍大将として、徳川軍の最高司令官の地位にあったことだ。徳川家の実質ナンバー2だった。

◆機密保持のため徳川の軍制を改革

そもそも石川家は徳川家の家臣のなかでも安祥（安城）七譜代のひとつに数えられ、三河譜代衆でも最も格の高い家である。

家康が六歳で人質として駿府の今川義元のもとへ行かなければならなかったとき、十七歳の数正も、身近に同行していた。三河の一向一揆の反乱が起こった際は、数正はそれまで信仰していた一向宗を捨てて浄土宗に改宗し、家康についた。

今川義元亡きあと、後継者の氏真から駿府に止め置かれていた家康の正室・築山御前と息子・信康の身柄を交渉で岡崎へ取り返したのも数正である。

また、数正は吉田城（豊橋）で東三河の旗頭をつとめる酒井忠次とならんで西三河の旗頭をつとめ、家康に対しては深い忠誠心を示してきた。

三方ヶ原、姉川、長篠など諸合戦でも、抜群の働きを見せてきた。

数正は人生の大半を徳川家に捧げてきた家康創業の功臣である。

その数正が、あろうことか秀吉のもとへ走ったということは、まず家康自身を打ちのめしただろう。胸の奥の、心が傷ついて痛かったに違いない。人間として、裏切られた俺にはなにが足りなかったのだろうと、家康はみずからの内側を改めて見直さざるを得なかったに違いない。

とはいえ、私的には家康個人が苦しめばよかったが、公的にはまず家臣たちの動揺を抑え、軍制をはじめ、徳川家のあらゆる機密が秀吉側に筒抜けになるということで、その対策を万全に行わなければならなかった。

『徳川実紀』の『東照宮御実紀』にいう。

　当家の旧臣石川数正は十万石を餌として（秀吉）味方に引付たり。（中略）数正降参の上は徳川家の軍法は皆しるべければ

数正の人間性になんらかの問題があったにしても、主としての家康にも不名誉なことだから、ごく簡単にこう記録されているだけだが、十万石の餌で秀吉の下についた数正自身が三河・浜松時代の徳川家の「軍法」のすべてをつくった。

家康も宿老たちも、軍事上のすべての機密が敵の手に渡ったらどうすればいいかという、極めて危険な「危機」に頭を抱えたのは無理もない。

家康はただちに武田信玄に学ぶことにした。

甲州郡代・鳥居元忠《もとただ》、甲州奉行・成瀬正一《まさかず》と日下部定好《くさかべさだよし》に武田信玄の国法や軍事に関する書類を送らせ、武田家の遺臣たちから軍令や分国政務掟書なども提出させた。

井伊直政、榊原康政、本多忠勝たちには新しい徳川軍を構成し直させた。

侍大将八名による先手と後備、大番六組の旗本備えに整備拡充し、強大な軍団を編成した（『徳川家臣団』綱淵謙錠）。

◆妹を嫁に、母を人質にして上洛を促す

天正十四年（一五八六）二月から、秀吉は京都市中の内野《うちの》に「聚楽第《じゅらくだい》」（京都府京都市上京区）を建造しはじめた。幅二十間、深さ三間の堀（『兼見卿記』）をめぐらせた、派手好みの秀吉らしい可能な限り贅を尽くした豪勢な邸宅であり、城郭・政庁である。

そして、なんとか家康を従属させたかった秀吉は、窮余の一策で家康に妹・朝日姫との縁談をもちかけた。

秀吉は、先年家康は築山御前を失ったが、いまだに正室を迎えたと聞いていない、ぜひ、私の妹の朝日姫を差し上げたい、と丁寧に提案した。

朝日姫は佐治日向守《さじひゅうがのかみ》という人物と結婚していたが、無理矢理離婚させて人身御供にしたのである。

浅野長政たちが仲を取り持った。

「猿」だとか「禿げ鼠」と呼ばれた秀吉の妹で、四十四歳である。当時ではすでに老婆であり、美しくもなかったろうが、家康はやむなくこれを承諾した。

家康は秀吉が指名した本多忠勝を使者として、納采（結納）の使者とした。

話は順調に進められ、この年の四月十日、朝日姫は聚楽第を出発し、二十一日に浜松城へ到着した。

五月十四日には、秀吉の指示で、万事美麗を尽くした婚儀が催行された。朝日姫を嫁がせたということは、もちろん秀吉が家康に人質を差し出したことを意味していた。

そして、その後、秀吉は妹の婿となった家康に上洛せよと申し送ったが、家康は一向に上洛する様子を見せない。

そこで、秀吉は、続いて生母である大政所・なかを人質に出すことにした。

朝日姫を見舞うという名目で、十月十八日に大政所を岡崎まで派したのである。

妹と母親を人質に出された家康は、上洛すべきか否か。

これは、秀吉との外交的に極めて重要な賭けであり「危機」であった。

酒井忠次たち宿老は、秀吉を疑って上洛に反対した。

いうまでもなく上洛した家康が殺されることを予測したということであり、それまで何度も死にかかった「危機」を経験してきた宿老たちの反応は当然であった。
すると家康はこういった。

本朝四海の乱既に百余年に及べり。天下の人民一日も安き心なし。然《しか》るに今世漸くしづかならんとするに及び。我又秀吉と矛盾に及ばゝ。東西又軍起て人民多く亡び失はれん事尤いたましき事ならずや。然れば今罪なくて失はれん天下の人民のため我一命を殞《おと》さんは。何ぼうゆゝしき事ならずや（『東照宮御実紀』）

日本の戦乱はもう百年もつづいている。天下の人民は一日も安らかな気持ちで過ごせない。それが今ようやくおさまろうしているのに、自分が秀吉と戦うことになったら軍勢が動き、人々はまたたくさん死ぬことになるだろう。ならば今、罪もないのに死ななければならない人民のために、自分が命を捨てるのは、どうということはないではないか、と家康はいった。

◆外交では秀吉が一枚上手だった

『三河物語』にも、ほぼ同様のことが書かれている。

各〻は何とて左様には申ぞ。我一人腹を切て、万民を助けべし。我が上洛せずんば手切有べし。然共、百万騎にて寄くる共、一合戦にて打果すべけれ共《ども》、陣《いくさ》の習《ならい》はさもなき者なり。我一人之覚悟をもって、民百姓・諸侍共を山野にはめて殺すならば、其亡霊《もうれい》の思惑もおそろしき。我一人腹を切ならば、諸人之命を助けおくべし

その方たちはなぜ上洛に反対するのか。自分が腹を切れば万民を助けられるのだ。自分が上洛しなければ、秀吉と断交することになるだろう。そして、たとえ秀吉が百万の軍で押し寄せてきても一度の合戦で打ち果たしてくれようが、自分の考えで民百姓や侍たちを山野で死なせたら、その亡霊の怨念が恐ろしいではないか。自分一人が腹を切って犠牲になれば、多くの人の命が救えるだろう、といったという。

家康は自分一人が命を捨てれば多くの人々を救うことができるという深い自覚、覚悟をもって生きていた。このころの家康の人生観がはっきりと語られた重要なコメントだといえよう。

この家康の言葉を聞いた宿老たちは、さほどまでにお考えになっているのであるならば、我々が何をか申し上げるべきでしょうといって反対意見を退けた。

こうして家康が上洛することを知った関白秀吉は、十月四日、朝廷に奏請《そうせい》して家康を権中納言に叙任してもらった。

家康は浜松から京へ向い、二十五日に入洛して羽柴秀長の屋敷を宿舎とした。

すると、その夜、秀吉が密かに家康を訪ねてきた。

秀吉は長篠の合戦以来十二年ぶりの対面だと大喜びで、家康の耳に口を近づけてこういった。

ご存知の通り、この秀吉は位人身を極め、その武力は天下を席捲しているが、もとはといえば松下（行綱・静岡県浜松市頭陀寺城主）の草履取りをやる下男であったことを知らないものはいない。織田（信長）殿に取り立てられて武士になったから、天下の諸侯は表面的には敬っているように見えるが、心の底から私に従っているものはなく、自分の本当の主君だと思っていない。明日、正式に対面するときは、その気持ちで臨席していただきたい。秀吉が天下を取るか、失うかは、あなたの御心一つで決まる。そのことをお願いしたいから上洛してもらったのです、といいながら家康の背中を叩いた。まことにみごとな口説き方で、生まれながらの大名である家康は敵わないところである。

家康は、すでにあなたの御妹と結婚し、こうして上洛したのですから、あなたに悪いようには致しませんとこたえた。そうこたえざるを得なかっただろう、家康としては。

すると秀吉はますます喜んだというが、その喜びようも行き届いた計算に基づいた、家康を参らせる手管であっただろう。

十月二十七日、大坂城を訪ねた家康は、重々しい作法で太刀と馬、黄金千枚を献上し、身を

国宝松本城（長野県松本市）

かがめ、畳に額をつけて秀吉に臣下の礼をとり、これを見た諸侯も、家康がそこまでやるのならば我々もと、みな秀吉に臣従することになった。

秀吉は外交交渉において、家康よりも、何枚も上手であった。

この外交戦の敗北で、家康は以後秀吉の臣下として生きなければならなかった。

秀吉の配下に組み込まれた数正は河内に八万石をあたえられ、のちに信濃・松本城十万石の領主になった。

〔四〕 関東移封 ❖四十九歳

◆「惣無事令」に違反した関東北条氏

天正十五年（一五八七）十二月、秀吉は伊達政宗、最上義光《もがみよしみつ》、そして小田原の北条氏政・氏直など東国に対して「惣無事令《そうぶじれい》」を発布した。

まず、大名たちは上洛して服属を誓うこと。

ということは、所領争奪の大名間の抗争は許さない。領土に関する紛争、国境の画定は秀吉だけが執行できるということを無条件に受諾せよ、ということであった。秀吉こそが、どの大名よりも上位であることの宣言であった。

いうまでもなく、違背すれば軍事的制裁を受けなければならなかった。

この「惣無事令」を出す前に九州の平定を成しとげていた秀吉は、翌十六年（一五八八）四月、完成した聚楽第への、後陽成《ごようぜい》天皇の行幸を実現させた。

これは秀吉が、日本統治の秩序の頂点に立ったことが朝廷に認知されたことを示す重大な行事であった。

参列した大名たちは、秀吉に絶対服従を誓わせられた。

だが、北条氏からは、この聚楽第行幸に誰も参列しなかった。

翌五月、秀吉に「東国取次」をまかされていた家康は、北条氏政・氏直父子に、氏政以下兄弟の誰かを上洛させるようにと連絡し、起請文を送って秀吉に臣従すべきだと述べた。

家康は娘の督姫を氏直に嫁がせていたから、すこぶる微妙な立場だった。

起請文の内容は、次のようなものだ。

一、氏政、氏直両人のことを悪くいわない。二人と秀吉の間をとりなしましょう。
一、今月中に兄弟衆を上洛させ、臣下の礼をとるべし。
一、上洛しないなら、氏直に嫁がせた娘・督姫をかえしてほしい。

つまるところ「惣無事令」受諾を強制したといえよう。

これでやむなく八月二十二日に氏政の弟である四十五歳の氏規が上洛して秀吉に伺候し、十二月には氏政が上洛するはずだと申告した。

が、これは実行されなかった。

ちなみにこの氏規は、幼少時今川家の人質として駿府に住まわされた。

その隣家には同じく三河からの人質として駿府へ来ていた幼い家康が住まわされていて二

人は人質同士、幼馴染であり、幼少時から親密な間柄で、信頼関係にあった。

したがって、二人は小田原攻めに深く関わることになった。

ここまで秀吉と北条氏の間がこじれることになったのは、信濃の真田氏との沼田領（群馬県沼田市）をめぐる係争が原因であった。

天正十七年（一五八九）春。

北条氏の重臣・板部岡融成《いたべおかとおなり》は上洛して沼田領に関する北条側のいい分を秀吉に述べ、七月、秀吉は北条氏が服属の前提条件にしていた沼田領割譲に関する裁定を下した。

沼田領の三分の二が北条氏。

沼田領の三分の一が真田氏と決められた。

ところが、その四ヶ月後の十一月、北条に属する沼田城の城主・猪俣邦憲《いのまたくにのり》が、名胡桃城《なぐるみ》（群馬県利根郡みなかみ町）を攻撃してこれを奪取するという事件が起った。

この名胡桃城奪取は、同時期に北条氏邦が宇都宮を攻めていることから、猪俣邦憲の独断専行ではなく、北条氏政の暗黙の了解があったか、積極的な命令があったのではないかと推測されている。

とにかく名胡桃城は真田一族の墳墓があったため、特別に真田氏に所属する城として認められていた。

名胡桃城（群馬県利根郡みなかみ町）

にもかかわらず、これを奪った北条氏政は「惣無事令」に違背した、ということになった。

◆包囲される小田原城ととりなす家康

秀吉はこの城ひとつの奪取を、重大な違反であるとした。

「惣無事令」に従わないということは、北条氏が「一天之儀」である勅命に背き「天皇の代官」として大政を執り行なっている秀吉に盾突いたということであり、これは反逆者を征伐する戦争を起こす絶好の口実であった。

秀吉は十一月二十四日付で北条氏直宛に家康を介して最後通牒をおくった。

氏直は「勅命に逆らうの輩」であり、来年侵攻してその頸をはねる、という宣戦布告であった。

つまり、秀吉は、このような北条氏の違反を心待ちにしていた。小田原・北条討伐の大義名分が出来た、諸将にも出兵を納得してもらえるだろうと、秀吉は内心ほくそ笑んだことだろう。

秀吉は直ちに家康をはじめ関東の諸大名たちに北条氏政が十一月中に上洛しなければ、来年の春には北条討伐に取りかかることを通告した。

そして、天正十八年（一五九〇）二月七日、先鋒をつとめる家康は駿府城を出立し、二十四日には黄瀬川のほとりの長久保城（静岡県駿東郡長泉町）に着いた。

三月一日に京都を進発した秀吉は十九日に駿府に到着し、翌日の二十日に長久保から迎えにもどった家康と会見し、三月二十七日には諸将の集合場所である沼津・三枚橋《さんまいばし》城に到着した。

かくして秀吉軍は、二十九日に進撃を開始した。

箱根の峻険な地形を利用して敵の東進を阻む山中城（静岡県三島市山中新田）は標高五八〇メートルの箱根山の西側斜面に位置し、永禄年間（一五五八〜六九）に三代北条氏康によって築城された。

城将の松田康長《やすなが》、間宮康俊《まみややすとし》らが四千の兵力で立て籠もるこの山中城に、豊臣秀次率いる三万余（七万ともいう）の軍勢が押し寄せた。

あまりの兵力差に城の防禦性を活かす術もなく、数時間の激戦ののちに城は落ちた。城兵の死者は千余にのぼった。玉砕である。

山中城を抜いた秀吉は箱根峠を越え、四月五日に箱根湯本に入り、とりあえず北条氏の菩提寺である早雲寺（神奈川県足柄下郡箱根町湯本）を本陣とした。

秀吉は笠懸《かさがけ》山に城を築くことにし、その間、秀吉は早雲寺で茶の湯三昧、上方から淀君を呼び寄せ、宴会の日々を過ごした。

秀吉が茶湯三昧の日々を過ごしている間、傘下の武将たちは玉縄、江戸、川越、岩槻、忍《おし》、鉢形、八王子などなど、北条側の支城を激しく攻め立てていた。

そして、十八日、家康は韮山城（静岡県伊豆の国市）の北条氏規に使者を送って小田原開城と氏政・氏直父子は秀吉に謝罪した方がいいと勧めた。

氏規はすぐ小田原城へ出向いて氏政・氏直父子に和睦を勧め、加えて家康と黒田官兵衛も説得工作を続けた。

◆北条五代九十五年の最後

六月二十六日。小田原合戦の最終章がはじまった。

この日の朝、陽が昇ると、小田原城内に衝撃が走った。

城から西を望んだ箱根の山脈の手前にある笠懸山の上に白亜の城塞が出現していたからである。秀吉はそれまで密かに築いていた城が完成したので、周囲の樹木を一斉に伐採させて不意に城郭を露出させた。

石垣山一夜城（神奈川県小田原市早川）である。

もはや北条氏になす術はなかった。

二十八歳の北条氏直は七月五日に剃髪し、弟・氏房とともに二の丸にあった自邸から東北の門を出て、舅である家康のもとへ出頭し、黒田官兵衛と滝川雄利《かつとし》に、降服して自分は切腹するゆえ、城兵たちの命は助けてほしいと申し出た。

秀吉はその潔さに感服し、氏直の命を奪わないことにした。

また、氏直が家康の娘婿であり、北条家の当主ではあるけれど、最高権力者ではなかったことが勘案されて、氏規たちとともに紀伊・高野山へ流罪になった。

しかし、最高権力者として実権をふるった氏政と一門衆の筆頭・氏照、重役衆を代表する松田憲秀と大道寺《だいどうじ》政繁《まさしげ》の四名には死罪が命じられた。

翌七月六日には小田原城開城。

秀吉側近の片桐《かたぎり》且元《かつもと》と脇坂《わきざか》安治《やすはる》、家康側近の榊原康政たちの軍が城内に入り、七日には家康が城を請けとった。

十一日、氏政・氏照は医師・田村安栖宅で切腹し、氏規が介錯した。

氏規は二人を介錯したあと、自分も腹を切ろうとしたが、周囲から押しとどめられた。

石垣山一夜城・井戸曲輪跡（神奈川県小田原市）

これで偉大な早雲以来の「関東の雄」北条氏は五代九十五年で滅びた。

ここで家康は、強大な権力を持つ北条氏がなぜ潰れたのか、それはどういうことなのかをよくよく考えたに違いない。

家康には多くの家が潰れ滅んで行くのを見てきた経験があったけれども、北条家の栄光と滅亡に伴う悲惨、憐れ、悲しみと苦しみを目のあたりにして、徳川家がそうならないようにするためにはどうすればいいのかを改めて深く学びとったことだろう。

◆内々に打診されていた関東移封

天正十八年（一五九〇）七月十三日、小田原・北条氏攻略を終えた秀吉は、小田原城（神奈川県小田原市）において論功行賞を行った。

家康は駿河・遠江・三河・甲斐・信濃の五ヶ国を召

しあげられ、かわりに北条氏の旧領であった伊豆・相模・武蔵・上総・下総・上野の六ヶ国をあたえられた。

計二百四十万二千石、近江、伊勢、遠江、駿河の飛び領十万石を加えると二百五十万二千石を領することになった。

秀吉配下の大名のなかで、最大の石高である。

ここにおいて彼（秀吉）はかねがね腹蔵していた計画の実行に、ただちに着手した。それは家康に対して、彼が都に近く当初所有していた五つの隣国を手放すように命じたことであり、それに代わって別の同数の国、ならびに北条殿から獲得した諸国を与えることにした。そして返答を待つことなくそれらは実行された。おそらく家康は関白に城を明け渡し、北条殿を屈服させることで、援助を買って出た己れの無知と愚かさを思い知らされたであろうが、彼はこの苦衷を独り己が胸中に密めていた（ルイス・フロイス『日本史』松田毅一訳）

また、家康は秀吉に誘われて石垣山一夜城から小田原の城と町を見下ろして、並んで立小便をしながら関東移封を告げられたという話もある。「関東の連れ小便」である（『関八州古戦録』）。

論功行賞とはいうものの、この領土の割り変えは、明らかに家康を遠くに置いて消耗させ、従属させて、秀吉の政権への影響力を微弱にしてしまおうという意図のもとに行われたといわれてきたが、同時に秀吉にとって家康は「惣無事令」の実施徹底を行うための、最も信頼を置ける存在だったから江戸へ据えたということであった。

したがって、家康の関東移封は突然告知されたわけではなかった。

早くもこの年の四月に、秀吉から命じられていたことだった。

すでに四月二十日、北条氏の城代であった遠山景政の弟・河村秀重が守っていた江戸城を、家康配下の戸田忠次《ただつぐ》が受け取っていた（景政は小田原城内に立て籠っていた）。

正式には五月二十七日に家康の関東移封が取り決められ、秀吉の命で江戸を本拠地とすることも、六月には決定されていた。

秀吉公会津まで御下りありて、家康様へ御在城は江戸志かるべき候はん（『聞見集』）

といった。江戸がいいよ、ということである。

あるいは、秀吉は家康に「殿は此所に住せられるべきかやいかに」とたずねた。

家康が「さしあたりては此城（小田原城）に住せんより外なし」とこたえると、秀吉は、これより東の方江戸といふ所あり。地図もて検するにいと形勝の地なり。その所を本城と定められこそよけれ（『東照宮御実紀』）

と、江戸を推奨したという。

秀吉の話し方は穏やかな勧めや推奨ながら、有無をいわせぬ命令である。

◆江戸城を増改築し、庶民に米を配る

こうした関東移封の話が出ると、家臣たちは小田原か、鎌倉かと噂したが、家康としては、江戸を新しい徳川の城地とせざるを得なかった。

しかし、江戸はひどいところだった。

其時迄は東の方の平地の分は爰もかしこも汐入の葦原にて、町屋、侍屋敷を十町と割付くべき様もなく、扨亦西南の方はひやうひやうと萱原武蔵野へつゞき、どこをしまりといふべき様もなし（『岩淵夜話別集』）

という体たらくの、いわばどうしようもない痩せた土地であるといわれていた。

だが家康はこの江戸を権力基盤として新しい領国を経営する中心地に変えることができると判断していた。

ただ水質が悪くて人が生活できる土地ではなかったから、家康は以前から大久保忠行《ただゆき》に命じて調査させておき、上水道を開削させ、これがのちに神田上水になった。都市機能の基本を整備するところからはじまったということである。

　そして、家康は八月朔日《さくじつ》（一日）に武蔵・豊島郡江戸の江戸城（東京都千代田区）に入った。

　先導は甲斐奉行であ

永禄年間の江戸湾（『永禄年中相州小田原北条氏康時代武州江戸絵図』より）国立公文書館

る成瀬正一と日下部定好がつとめた。

八月朔日は新穀をとりいれる祝いの日であり、晴れた日で、家康は品川、麻布、赤坂を経由し、貝塚（平河町）で遅い昼食をとってから申の刻（午後四時）ごろ江戸城に入った。記念すべき重要な日で、後にこれを「八朔の江戸御打入り」と称するようになった（実際には七月十八日には江戸入りした）。

現在の本丸か西の丸あたりにあった江戸城は、低い台地に土塁と堀を三重にめぐらせただけの、砦のような小城で、建物の、檜皮葺きの屋根は傾き、玄関の式台は船虫に食われた船板の古材で、調理場一体にはカヤやイバラが生い茂っていたという。ほとんど棄てられた廃墟のような城である。

この状況を見て、家臣は作り直しましょうといったが、家康は苦笑しただけだった。

家康は五日に江戸の人々に米を配った。

其比は江戸は（中略）家百計もあるかなしかの躰《てい》、城もかたち計《ばかり》にて、城のやうにも無《これ》之《なく》あさましき（『聞見集』）

という状態ではあったが、ま、よろしく、という挨拶であり、新しい領主として入城のご祝儀をあたえて住民の宣撫《せんぶ》を行ったのだ。

とりあえず、家康は二の丸と三の丸の間の空堀りを埋めて本丸を拡張し、城域内にあった寺院を移転させて三の丸を構えた。三の丸の堀を掘った揚げ土で日比谷入江を埋め立てた。

いちおう城としての体裁を整えはじめたのだが、だからといってこの江戸城で北条氏が治めていた領土を家康がうまく統治できるという保証はなかった。

その成功不成功は徳川家と家臣たちの命運を左右することになり、ここで家康は絶体絶命の「危機」に直面したといえよう。

まず、百姓たちが各地で一揆を起こす可能性があった。

それらの一揆を制圧するには時間がかかる。制圧に失敗すればそれまでで、秀吉はその失敗を理由に家康を改易することもできる。

危険なのは百姓だけでなく、北条一族の残党の根強い土着勢力がどこにでも散在していた。

それらの在地土豪衆と百姓一揆が結託すれば、さらに大変なことになる。家康はともかく、古くから住み慣れた三河の居住地を失うことになる家臣の心理も動揺した。

が、家康はたとえ旧領を遠く離れた東北の地でも、百万石も増えれば都へ攻め上ることができるだろうと、どっしり構えていた。

このとき家康は四十九歳だったが、もうなにが起こっても、慌てたり動揺したりすることなかった。どのような事態でも冷静沈着に受け止めて適切に処理できるという自信、ふてぶてしさを身に付けていたように見える。

将兵たちは大局を見据えた家康の組織力、統率力、事態への対応能力の大きさや先見性を信頼して、駿河や遠江や三河へ戻ることなく、そのまま関東に在留して新しい国づくりに励む生活に取り組むことになった。この主ならば、転んでもただでは起きないはずだと判断したに違いない。

◆包容力に富む新しい支配機構を確立

八月一日に江戸入りし、九月末までには家臣もその一族郎党の移住も速やかに行われた。あざやかな手際の良さだったといえるだろう。

江戸に入った家康は、最初に人事異動を行った。

まず家康は、みずからの直轄地（蔵入地）を確保した。武蔵・相模・伊豆・上総・下総などに百万石ほどの財源を確保した。

つづいて直轄領を定め、家臣の知行割りを行った。

榊原康政がこれを担当し、伊奈忠次と青山忠成《ただなり》が補佐して定めた。

小田原・大久保忠世　深谷・松平康直　藤岡・松平康貞
結城・結城秀康　箕輪・井伊直政　関宿・松平康元
館林・榊原康政　忍・松平家忠　厩橋（前橋）・平岩親吉
矢作・鳥居元忠　大多喜・本多忠勝などなど。

大多喜の本多忠勝は、安房の里見義康《よしやす》への備えである。

矢作の鳥居元忠と館林の榊原康政は、常陸の佐竹義重《よししげ》を防ぐ。

箕輪の井伊直政は、真田昌幸《まさゆき》や上杉景勝に対応するためであった。

特徴的なことは、譜代の武将は五万、十万石以上でも、十四松平は一万石くらいの城主に封じられたことだ。家康は譜代の臣を一族親戚よりも上に見ていたのであって、それは、これからもつづくであろう戦争のための彼等の武力を重視していたことを意味していた。

また、徳川家の直轄直属軍を構成していた下級家臣（後の旗本）は江戸城から十里、二十里以内に知行地をあたえられた。それらの知行地には、ごく簡素な堀を巡らせた陣屋を構え、そこに妻子を住まわせ、本人は江戸へ通う形にさせた。

これは後に江戸城近くに屋敷をもらって寝泊まりするようになり、彼らの集団的な居住地である番町（麹町市ケ谷）になった。四谷・大箪笥町（鉄砲組同心）、本郷・弓町（弓組同心）

なども同じである。

北条氏が支配していた支城があった要所に配置された子飼いの将兵たちは、主要な町と街道の節所を支配した。

これで新しい領国の堅固な防衛体制は整えられたことになる。家康はこうした三河や遠江からの移転、人事異動、譜代の配置をわずか二ヶ月という短時日のうちにやってのけたのだ。

移転や人事配置の素早さに驚いた秀吉は、浅野長政に「速《すみやか》なるも限《かぎり》あることなれ。（中略）徳川殿の振るまひ凡慮の及ぶところにあらず」（『大業広記』）といったという。

それから家康は、それぞれの土地に残されていた北条氏の遺臣を家臣にした。兵力の増強のためである。没落していた名族も召し出して配下に組み込んで、彼らは後に儀式典礼を司る高家として仕えることになった。

さらに、甲斐武田氏の遺臣の小十人頭と同心五百人を八王子に置いて、甲斐からの侵入に備えた。それはのちに千人に増えて「八王子千人同心」と呼ばれるようになった。

家康は江戸の治安にも目を配った。

盗賊を厳しく取り締まり、賭博を厳刑に処し、銃砲の所有を禁じた。

一方で百姓に対しては北条氏時代の民生政策そのまま踏襲したから、新しい領土内からの反発はまったくなかったし、新しい支配者である家康のもとで百姓一揆は一切起こらなかった。

旧来の土着支配層の家康の統治に対する反抗も生じることなく、混乱することはなかった。

そして、家康は寺社を手厚く保護した。

信仰の力を知っていたし、彼らは土地々々の土豪であったり一種の権力者であったりしたから、味方につけておくにしくはなかった。また、寺社は檀家、氏子ら個人々々の情報が集まる場所であり、諜報機関として利用することができたからである。

こうした包容力に富む家康のやり方はうまくいった。北条氏の古い体質が築いていた伝統的な支配体制から新しい支配機構が築き直されたといえよう。

◆川と湾の大土木工事を推進する

さて、土木工事である。

まず平川（日本橋川）河口から江戸城へ通じる道三堀《どうさんぼり》を開削し、船に積んだ物資を直接城まで運べるようにした。

現在の呉服橋から大手門まで通じる道の北側に並行する運河で、この湿地帯を掘り上げた土で埋め立てられた場所に町ができた。

また、塩の名産地である行徳《ぎょうとく》（千葉県市川市）から塩を輸送する小名木川も開削された。

九月一日からは、江戸の本町（常盤橋の西一帯）の町割りが行われた。

とにかく湿地帯だから堀を掘って水はけをよくし、掻き揚げた揚げ土を盛って、ならして突き固めて家屋敷を建てた。

移住者を集めたものの、応募する者はごく稀で、茶屋四郎次郎などが奔走して関東各地から人々を勧誘した。

家康は商人の招致に努めたが、紺屋、鍛冶屋、石工、呉服、酒、鋳物職人など手工業生産者も誘致した。

が、最も頭を悩ませたのは利根川である。

利根川は川俣（埼玉県羽生市）あたりから南へ向かって流れ、荒川が合流し、隅田川になって江戸へ流入していた。雨が降るたびに増水し、毎年のように流路を変える暴れ川で洪水の繰り返しだった。溢れる水は下流まで土砂や流木を流してきて水死者も多かった。雨が降れば、利根川だけでなく、どの川も氾濫してのべつ流路が変わったのである。

おまけに江戸湾も内陸部まで食い込んでいて、全体がヨシやカヤの繁茂する低湿地帯で、辺境であり僻地であった。

これではとても人が住める場所とはいえない。

慢性的な洪水から江戸を守るためには、利根川の流路を

江戸城・天守台

川俣から付け替えるしかなかった。

栗橋（埼玉県北葛飾郡）で渡良瀬《わたらせ》川と合流させ、点在している湖沼と日立川や鬼怒川をつないで水路を掘削し、水の流れを変えて銚子（千葉県銚子市）で太平洋へ出してやる工事を行った。

以後、伊奈家三代が六十年の歳月をかけて利根川の東遷土木工事を行ったのである。


武蔵野台地と千葉方面の下総台地の間には、東京湾へ注ぐ利根川・荒川水系が流れ、沖積平野を形成していた。そこが下町の発展する舞台となったのである。特に、旧石神井《しやくじい》川や旧平川の中小河川が注ぐ江戸湊、日比谷入江あたりが埋めたてられ、計画的に運河・掘割のネットワークを組織しながら、明快に町割を行なって、水の都の中心部が形成された。（『東京の空間人類学』陣内秀信）

また家康は、江戸湾も「開発」した。

隅田川河口の細長い鉄砲洲と呼ばれていた砂洲を、摂津・西成《にしなり》郡佃《つくだ》村（大阪府大阪市西淀川区佃）から移住した漁民三十三名にあたえ、彼らはここを埋め立て、島をつくって「佃島」と命名した。

この摂津の佃村の漁師たちは本能寺の変の後の家康の「伊賀越え」を助けたといわれ、家康はその恩に報いて鉄砲洲の東百間四方の江戸湾の漁業権をあたえた。

彼ら「佃衆」は日々漁師として働いて、江戸城に魚を納め、余った魚を日本橋の魚河岸で売ってその繁栄の基礎を築いたが、それだけではなく、江戸湾へ侵入してくる敵を哨戒し、情報を集めていたとも伝えられる。

慶長八年（一六〇三）二月十二日、家康は六十二歳で征夷大将軍に補任された。

翌月の三月三日、家康は福島正則《まさのり》、前田利長《としなが》、伊達政宗、黒田長政《ながまさ》、加藤清正《きよまさ》、上杉景勝《かげかつ》をはじめとする七十世家の大名に命じて江戸の城下町の造営を命じた。

大名たちは外様《とざま》・譜代《ふだい》を問わず石高《こくだか》千石につき人夫一名を出す「千石夫《せんごくふ》」の労働力を提供させられた。いわゆる「天下普請《てんかぶしん》」である。

その最大の工事は、江戸城の北の神田山の切り崩しであった。

切り崩した土で豊島洲崎（日本橋から新橋のあたり）を埋め立て、その新しく生まれた平らな広がりは、そのまま商業地に生まれ変わった。

削られた神田山の跡地の小高い丘は駿河時代からの旗本が集住したから「駿河台」になった。駿河衆が住む台地という意味である。

こうして家康は関東移封という逆境に置かれた危機を脱して成功をおさめることができた。

そして、一大名に過ぎない徳川家の城下町・江戸が、やがては日本の首都に変貌してゆくことになったのである。

しかし、秀吉も切れ者だった。

秀吉は、基本的には家康を信頼していたが、疑ってもいた。

蒲生氏郷を会津に置いて家康の背後を抑え、宿将の中村一氏《かずうじ》を駿府に。

加藤光泰《みつやす》を甲府に入れ、仙石秀久《せんごくひでひさ》を殿軍として小諸に入れた。

山内一豊《かずとよ》は掛川へ。有馬則頭を横須賀に。

堀《ほり》尾《お》吉晴《よしはる》は浜松。吉田（豊橋）には池田輝政《てるまさ》。

そして、清洲に甥の秀次を置いた。

完全に家康包囲網であり、西上対策配置であり、家康は油断できなかった。

〔五〕関ヶ原の合戦　❖五十九歳

◆名護屋在陣だけで済んだ朝鮮出兵

秀吉は天正十五年（一五八七）に九州を平定し、同十八年（一五九〇）には小田原・北条氏を滅ぼし、奥羽を制圧して天下人の地位についた。

九州征伐のころから「唐入《からい》り」（朝鮮出兵・明国経略）を計画していた秀吉は、十九年（一五九一）八月には大陸経営の大計画を発表し、準備を開始した。家康と前田利家はふたりで反対したが、秀吉は聞き容れなかった。

この「唐入り」に専念するため、秀吉は関白を辞し、関白の位は姉の子でみずからの養子にした秀次に譲った。

ここで、秀吉は「太閤《たいこう》」になったのである。

また「唐入り」の大本営とすべく、名護屋《なごや》城（佐賀県唐津市）の築城を九州の大名に担当させ、それに加えて十月上旬には全国から諸大名が名護屋へ集まって城の普請に取り組んだ。

家康は小田原・北条攻めのあと、移封された関東で江戸城の築造と江戸の町と運河の掘削や、江戸湾の埋め立て、関東一円の河川の流路変更などの、大規模な土木開発整備の大事業に懸命に取り組んでいた真っ最中である。

そして、天正二十年（一五九二）は十二月八日に文禄元年と改元され、家康は同じ十二月の二十六日に五十一歳になった。

天正二十年正月に秀吉は朝鮮出征の大号令を発した。

三月、黒田官兵衛が縄張りを行なった名護屋城が完成した。突貫工事わずか八ヵ月で大坂城に次ぐ規模の城を完成させたのだ。現代の技術を以ってしても、不可能なことである。

この城に、秀吉は全国から馳せ参じた諸大名の十五万八千の大軍を集めた。集めた食糧は四十八万人分であった。

家康も「唐入り」に動員された。

一万五千を率いた家康は、二月二日に江戸城を出発し、十六日に京に着いて秀吉のもとに出仕した。

三月十七日には伊達政宗や上杉景勝らとともに京から名護屋城に向かった。

名護屋に着くと、家康は古里町に陣を置き、秀吉の到着を待った。

秀吉は四月二十五日に名護屋城に入り、すでに朝鮮の陣が順調に進んでいることを知って上機嫌だった。

家康が京を出発する前の三月十二日、小西行長《ゆきなが》は七百余艘の軍船で対馬を経由して釜山へ渡り、全戦全勝で中路を進撃し、漢城（京城）へ迫った。

行長のライバルである加藤清正の軍も、東路を北へ進撃した。

また、黒田長政・大友義統《よしむね》たちは西路を進み、五月一日に朝鮮国王は漢城から脱出して平壌へ逃亡した。

ほぼ二十日間でこの戦果を挙げたことは、秀吉を大喜びさせた。

が、このあと戦況は明軍が加わったことで泥沼化し、外交交渉も進まないままさらに泥沼に嵌って翌年停戦し、四年後再遠征しと、まったく無駄な時を費やすことになる。

この、いわゆる「文禄・慶長の役」が、兵力の損耗と財政の逼迫をもたらし、諸大名を苦しめ続けたことはいうまでもない。

その「唐入り」のその後の展開の詳細は割愛するが、では、秀吉が仕掛けた大規模な外征の間、家康はなにをしていたのか。

家康は基本的に後詰として名護屋に在陣していた。

家康が船で朝鮮へ渡って戦争をすることはなかった。

なぜ、朝鮮へ行かずに済んだのか。

それは、秀吉の陣立てのおかげだった。

秀吉は全陸軍を九編成とした。

釜山港（韓国）

一番　小西行長・宗義智《そうよしとし》（計一万八千）
二番　加藤清正・鍋島直茂《なべしまなおしげ》（二万二千）
三番　黒田長政・大友義統（一万一千）
四番　島津義弘と中小領主（一万四千）
五番　福島正則・蜂須賀家政《いえまさ》・長宗我部元親（二万五千）
六番　小早川隆景・毛利秀包《ひでかね》（一万五千）
七番　毛利輝元《てるもと》（三万）
八番　宇喜多秀家（一万余）
九番　羽柴秀勝・細川忠興（一万一千）
計十五万余

九鬼嘉隆《くきよしたか》・藤堂高虎《とうどうたかとら》・脇坂安治・加藤嘉明《よしあき》（九千余）の水軍は、物資や兵員の輸送と朝鮮の沿岸を攻撃し、敵の水軍と戦う。

彼らはすべて九州、四国、中国、畿内の大名である。

家康をはじめ前田利家、伊達政宗、上杉景勝など東国、北陸の大名十万は海を渡ることはなかった（『徳川家康』笠谷和比古）。

西国の、親・秀吉派の大名たちが渡海して困難な戦をやることになったのだが、戦功を挙げたときは、褒賞はすべて親・秀吉派が独占することになる。秀吉の西国大名偏重の軍の編成はそこにあったと考えられる。

家康は本多正信に朝鮮へ兵を送るのですかと訊かれると、俺が朝鮮へ行ったら、箱根（関東）は誰が守るというのだとこたえたという。

あるいは、家康は秀吉から渡海を命じられなかったことを、命が助かった、これで好きな鷹狩りがまた楽しめる、夢のようだ、という書簡を書いている。

もちろん本音は「唐入り」などしたくなかった。

上手に渡海の「危機」からまぬがれて幸運であることを噛みしめたことだろう。

そして、さらに幸運であったことは文禄・慶長の役の間に将兵を養うことができたこと、経済的な損失を受けなかったこと、その結果、徳川家の総合的な力をしっかり蓄えて次の段階に進むことができたことである。

◆関ヶ原合戦の遠因は「秀頼誕生」「秀次事件」

かならず「天下分け目の」と修飾される「関ヶ原の合戦」は、家康にとって絶対に勝たなくてはならない戦いであり、これ以上危険な「危機」はなかった。多くの思いのままにならないしたたかな武将たちを指揮し、都合のいいように動かさなければならない、きわめて難しい局面に直面したということであった。

この合戦に至る経緯を秀吉の最晩年の光景から説きおこしていく。

秀吉とその子供の秀頼、真田昌幸と幸村《ゆきむら》（信繁）・信幸《のぶゆき》父子、ウイリアム・アダムス（三浦按針）たちとのかかわりを述べることによって、家康がどのように危険この上ない「天下分け目」に勝てたのかを見ていきたい。それが次の「大坂の陣」につながってゆくことにもなるからである。

まず、秀吉の遺言状から検証してみよう。

返々《かえすがえす》秀より（秀頼）事たの（頼）ミ申し候、五人のしゅ（衆）たのみ申上候、いさい（委細）五人の物（五奉行）ニ申わた（渡）し候、なごりおしく候、以上。

秀より事、成りたち候ように、此のかきつけ（書付）候しゅ（衆）たのミ申候、なに事も、此《この》ほかにわ、おもひのこす事なく候、かしく

死を目前にした豊臣秀吉が慶長三年（一五九八）八月五日、五大老の徳川家康、前田利家、毛利輝元、上杉景勝、宇喜多秀家に宛てて書き残した遺言状である。

一介の下層民から身を起こし、ついには天下人まで登りつめた秀吉の、死の床で思うのはあ

とに残していかねばならない秀頼の将来である。

天下人というより、一人の老いた父親の必死で哀切な心情があふれている文面であり、秀吉にしてみれば、天下人の父を持つ運命に生まれたからこそ、ただの人ではありえない秀頼の将来がなによりも気がかりだったのだろう。

このとき、秀頼は、わずか六歳、母親の淀君は三十二歳であった。

秀頼は、淀君によって、文字通り真綿に包まれるようにして伏見城や大坂城の奥深くで育てられていたのだが、その生まれゆえに、生涯真っ赤に熔けた金属が煮えたぎるような権力抗争の坩堝、歴史の激流に抗い、翻弄されながら生きなければならなかった。

満二十一歳九ヶ月という短い、未成熟なまま横死しなければならなかった人生であったせいか、残念ながら本人の個性や感性、なにを考えていたかなど、秀頼の人間性全体を生々しく教えてくれる肉声や行動が充分に史料に残っていないため、母親の淀君同様よく理解できない人物であり、周辺に蠢《うごめ》いていた人物たちの動きや証言、評価、状況証拠からその人間像を類推してゆかなければならない。

秀吉が朝鮮出兵中、淀君は秀吉がいた肥前・名護屋城へよばれており、この城の山里丸で懐妊し、秀吉の第二子として文禄二年（一五九三）八月三日に大坂城・二の丸で男児を産んだ。

これが秀頼（拾《ひろい》）であり、すでに兄・鶴松がいたが、三歳でこの世を去っていた。

秀吉は鶴松供養のために京都・東山の祥雲《しょううん》寺（現在の智積《ちしゃく》院）を創建した。

もともと正室の北政所に子がなく、鶴松の死の二年後に誕生した秀頼に、五十七歳の秀吉はあられもなく狂喜した。

長子・鶴松の死に遭遇したとき、秀吉はもはや世継ぎに恵まれることはなかろうと、関白の座を甥の秀次に譲ってしまっていた。

そして、朝鮮征伐と明国平定を企ててのべ三十万を超える将兵を動員し、すでに侵攻を開始していた。そこに思いもよらず淀君が妊娠し、秀頼が生まれたということである。

秀頼が生まれたとき、秀吉は名護屋城にいたにもかかわらず、我が子誕生の報知が届くと、矢も楯もたまらなくなり、陣を後にして大坂へ駆け戻った。

そして、鶴松のように幼くして命を落とすことがあっては一大事と考え、「拾った子はよく育つ」という民俗信仰にのっとって名前を「拾《ひろい》」と名付けた。この時代にあっては異例のことながら、乳母ではなく実母である淀君が直接授乳し、最大の慎重さと注意を払って養育したのである。

その後、秀吉は再び名護屋城にもどることはなかった。

秀吉の朝鮮への出兵に疑問を唱えながら、やむなく従軍していた諸将は肩すかしをくわされた形だった。

とにかく伏見城修築の折りに秀頼にあてて書いた手紙に、

文給わり候。御うれしく思いまいらせ候。ここもと普請申しつけ候によって、存じながら申さず候。やがて歳末に参り候て申すべく候。その時、口を吸い申し候べく候。たれたれにも、少しも御すわせ候まじく候。そなたの事、こなたへ一だんよく見え申し候

とある。

手紙をありがとう、いま伏見城の工事が忙しいから、そちらへ行けません。年末には行けますが、そのときは口づけしてあげよう。それまでほかの誰とも、すこしでも口づけしてはいけない云々。べたべたな可愛がりようであり、ともかくも、秀頼の誕生は、それまでの秀吉周辺のみならず、独裁下の諸将の人間関係、ひいては政局を一変させることになった。

秀吉の姉・智の子、つまり秀吉の甥で、後継者に据えられて関白に就任していた秀次は、しだいに邪魔にされ、うとんじられるようになり、文禄四年（一五九五）七月三日に関白職を剥奪され、八日には謀反の罪を着せられて高野山に追放され、十五日についに切腹させられるに至った。続いて秀次の妻子は無論のこと、側室侍女三十数名も捕えられ、三条河原で全員が処刑された。

秀吉は秀頼に敵対する可能性がある秀次の関係者を「反逆者」として徹底的に絶やさねば気が済まなかった。それまで秀次の城であった聚楽第も破却し、更地にしてしまった。関白・秀次を象徴する城を完膚なきまでに潰し、そこを更地にすることで「謀反人」を始末したことを世間に印象づけたのだ。

秀次は素行が悪い、残忍な「殺生関白」とも評されたが、それは秀頼の誕生以来冷遇されて、さまざまなやり場のない鬱憤《うつぷん》をぶちまけていたからで、彼がまったく能力がない人物だったとはいえない。

この少壮の関白殿（秀次）は優れた才能を持ち、気前のよい人で、多くの資質を備え、機敏、怜悧、かつまれに見る賢明さの持主で、特に親切で、その他にも多くの優れた徳を備えていました（『一六・七世紀イエズス会日本報告集』）

イエズス会宣教師のルイス・フロイスが秀次のことをこう評しているくらいだから、かなり出来のいい人物で、それゆえに秀吉は秀次に対する疑心暗鬼を膨張させて抑制できなくなったのだろう。

翌文禄五年（一五九六）五月十三日、四歳の秀頼は秀吉に連れられて御所に参内し、前田利家が萌黄色の狩衣を着た秀頼を抱いていき、後陽成天皇に謁見した。

また、慶長二年（一五九七）にも御所に参内して元服し、左近衛権中将に任じられた。後見は家康と利家である。

秀頼は五歳ごろから書を学び、当代一流の学者について学問にいそしみ、弓や槍、薙刀《なぎなた》、居合い術、鷹狩りや茶の湯にも親しんだ。英才教育をうけて、相当な成果を挙げていた様子である。

こうして秀頼が順調に育ってゆく一方、秀吉の無謀な朝鮮への出兵、秀次一族への残忍な仕打ちは、やがて諸将の潜在的な不満を招き、石田三成派と反・石田三成派の陰湿な抗争へと発展していった。

◆秀吉没後に行動を始めた家康

先に述べたように慶長三年（一五九八）八月十八日、秀吉が伏見城で没した。秀頼は六歳、淀君は三十二歳である。

その報せが朝鮮に届くと、戦争はただちに中止され、出兵していた将兵はすぐさま帰国の途についた。

秀吉の「唐入り」はまったくなんの意味もない侵略であった。おびただしい日本国民を死なせ、苦しませただけのことだった。

ごくごくわずかに拾えるとすれば、朝鮮の陶磁器の制作技術者とその製法を日本に招来できたことくらいではないか。

そして、秀頼の将来を安泰にと願って、秀吉は死の直前に五大老・五奉行の制度を設けて合議制をはかろうとしたのだったが、長続きせず、朝鮮への出兵で経済的な負担にあえいでいた諸将たちの不満はさらに募っていった。

家康は、ここで石田三成を中心とする官僚・文治派と、朝鮮から帰国した加藤清正や福島正則らを代表とする武闘派武将の熾烈な抗争、ふたつの激流が正面衝突して生じた波浪に乗ってこれをうまく利用し、着々とみずからの地歩を築いていった。

家康はまず、自分の子である忠輝《ただてる》（六男・庶子）と伊達政宗の娘・五郎八《いろは》を結婚させ、松平康元《やすもと》（家康の異父弟）の娘を養女にして福島正則の子である正之《まさゆき》の妻にした。

秀吉は生前に諸大名の私的な縁組や同盟を禁止することを定めていたが、家康はそんなことを守る気はさらさらなかった。ひたすらみずからの勢力の拡大にはげんだ。

この家康の勝手なやり方に、石田三成は激怒した。

それまでも、険悪になっていた三成と家康の間をなんとか上手にとりもっていたのが前田利家だったが、その利家も秀吉の死からまもなくこの世を去ってしまっていた。

また、秀吉子飼いの加藤清正、浅野幸長《よしなが》、福島正則、蜂須賀家政、黒田長政、細川忠興、藤堂高虎たち七将が、家康に心を寄せてゆくようになった。

彼らは三成を殺そうとし、三成は身を守るため家康の屋敷に駆け込んで助けを求めたといわれてきたが、そうではなくて、三成は伏見城の治部少曲輪にあったみずからの屋敷に立て籠もった。

七将は伏見城内に侵入できないまま堀外で遠巻きにしている状態になった。

この状況を打破するため、三成の盟友であった安国寺恵瓊《あんこくじえけい》は主の毛利輝元に願い出て、輝元から家康に仲裁を依頼した。

宇治川の対岸にある向島城（京都府京都市伏見区）に屋敷を構えていた家康に助けを求めたわけだが、家康は仲介の労をとって三成を佐和山城（滋賀県彦根市）に謹慎させて七将を納得させた。

要するに利家という抑止力のタガがはずれると、機を見るに敏な家康は、待ち受けていたように一気に独走体勢をとりはじめたのだ。

すでに五十九歳になっていた家康は、政治家として大きく成熟し、あらゆる手練手管を身に着けていたといえよう。

また、すでに家康は慶長四年（一五九九）九月二十六日から、大坂城・西の丸に入っていた。

そのときから家康は「天下殿」といわれるようになった。

それまで西の丸にいた北政所・ねねが京都へ移ったあとであり、これで政権運営は家康が担当するということを天下に知らしめることになったのだ。

◆リーフデ号から西洋の最新武器情報を知る

三本マストの異国の漂流船が豊後・臼杵《うすき》の佐志生《さしう》（大分県臼杵市）の海岸近くに姿を現したのは慶長五年（一六〇〇）三月十六日のことである。

それは南蛮人（ポルトガル・スペイン）の船ではなく、紅毛人《こうもう》（オランダ）の船で、船尾にエラスムスの像を飾っているオランダ船のリーフデ号（３００トン）であった。

異人の船が漂着したことは、臼杵城主・太田重正が長崎奉行・寺沢広高《てらざわひろたか》（唐津城主）に通報し、ただちに大坂城の豊臣秀頼に報告された。

だが、秀頼からの返事は来なかった。

そして、リーフデ号が佐志生に漂着して九日後に、大坂城・西ノ丸にいた豊臣五大老の一人である徳川家康から代表者に会うという使者が着いた。

すでに天下取りに向けて歩一歩と歩みを進めていた家康は、機敏に反応したのである。

病に倒れていた船長ヤコブ・クワッケルナックの代理として乗組員一人を従えた航海士ウイリアム・アダムズは、堺（大阪府堺市）経由で大坂城へ赴くと、西の丸で家康に謁見した。

大坂城で家康に接見するアダムズ
『Will Adams, the first Englishman in Japan : a romantic biography』より

慶長五年五月十二日、関ヶ原の合戦の四ヶ月前のことで、日本の新しい最大の権力者・家康と会ったことが、アダムズの人生最大の転機になった。また、そのときは誰も想像できなかったが、家康にとっても、幸運にも天下取りの総仕上げを手伝ってくれる人物と出会ったということだった。アダムズは想定外の重大な結果をもたらす人物であった、ということだった。

その結果、アダムズは家康とともに日本の近世史の扉を開いたともいえる。

とりあえず、家康は、アダムズにさまざまなことをたずねた。

お前はどこの国の者か、日本に来た目的はなにか、戦争について、積荷や航路についてなどで、その日は牢に放り込まれ、続いてイギリス人や家畜や家屋などに関する質問をした。家康は終始好意的であった。

が、ポルトガル人たちの中傷があり、結局は三十九日間を牢で過し、アダムズは四十一日目に釈放され、堺に送られた。投獄しておいたのは、アダムズが他の者と接触して新しい情報を漏らすのを防ぐため、家康が新情報を独占するためだったともいわれる。

さらに、家康は堺まで出向き、リーフデ号の積荷を点検した。

ポルトガル人の探検家・編年史家ディオゴ・デ・コウトがその著作『亜細亜誌』にリーフデ号の積荷についてこう述べている。

青銅の大型大砲十九門、小型大砲数門、小銃五百挺、鉄製の砲弾五千発、鏈弾（鎖でつないである海戦用の弾）三百発、火薬五十キンタル、鎖鏈甲の大箱三箇、その中四分の三は鋼鉄製の胴と胸甲を用いていた。火縄竿三百五十五本、多くの釘、刃物、斧、鍬、鋤その他各種の工具などがあった。（『三浦按針』岡田章雄）

また『当代記』には「船中に具足大鉄砲数多有之。具足は腰より上許り也。内府公見物し給」と記録されている。

家康は他のものには目もくれず、ヨーロッパ製の最新の武器弾薬、武具に注目し、これらすべてを没収した。

見るからに先進的な殺傷能力の高い大・小の砲や砲弾、火薬や武具を、これからはじまる戦闘に使おうと考えるのが武将として当然の感性であり、家康は堺の港に回航させてあったリーフデ号を相模・浦賀（神奈川県横須賀市）経由で江戸・隅田川に回航させた。

◆家康、上杉討伐の軍を起こす

それから家康は、会津（福島県）の上杉景勝・直江兼続《なおえかねつぐ》に謀反の意思ありとして、これを討つために東上することにした。

石田三成と連携して反抗的な態度をとりつづけている上杉景勝は、会津各地の城を普請し、武器と兵糧を大量に調達して蓄えていた。

これに対して家康は、相国《しょうこく》寺の住持・西笑承兌《さいしょうじょうたい》を派遣して景勝に上洛を求めたが、応じようとしなかった。

つまり、謀反のおそれあり、ということになった。

出発の日、家康は大坂城・本丸に秀頼を訪ね、暇乞いをした。

秀頼は餞として金二万枚と米二万石を家康にあたえた。これで「秀頼様のために」という大義名分をかかげて出陣できることになったのである。家康は六月十八日に伏見城を出陣し、七月二日には江戸城に着いた。

一方の石田三成は十一日には家康打倒の動きを明確にした。

家康の留守を、千載一遇の好機だと判断し、急遽挙兵したのだ。

「(家康は) 太閤様御置目にそむかれ、秀頼様を見捨てられ、出馬候間」と三成は考えた。三成は心から秀頼のために、と考えて毛利輝元を総大将に擁立し、行動に出たのである。

家康はほくそえんだに違いない。

三成を戦場へ引っ張り出すことに成功したのだ。

会津の上杉討伐は撒き餌であり、これを受けて全国各地の武将たちが家康の東軍と、三成の西軍に仕分けされていった。

関ヶ原の合戦のはじまりであり、家康は百八十一通の書状を書いて諸将を自軍に誘った。おいしいことをならべたてて味方につけたのだ。

また、重要なことは上杉攻略に向かう家康の軍に、アダムズがリーフデ号のオランダ人砲手たちとともに同行していたことである。

アダムズは「砲術に妙を得其術を諸士に相伝す、よりて東照大神君様に拝謁し奉り」(『相中留恩記略』) という。

砲術つまり新型大砲の使い方を家康配下の者に教えて重用されるようになったのだ。

加えて先のコウトによる確かな証言がある。

（リーフデ号の）最も健康であったオランダ人たちは（上杉）景勝と呼ぶ叛臣に対して行うように命じた戦闘に砲手として参加させた（『亜細亜誌』村上直次郎訳）

という。

家康は上杉軍に向かって最先端の新兵器を試用したくてしかたがなかっただろう。となれば、アダムズは上杉討伐の軍旅で当然、家康の身の回りに控えて砲手たちを差配していたと考えられる。

ところが、事態が急変した。

急変ではなく、実は家康が予測し、期待していた通り、石田三成が大坂で挙兵したという報せが届いたのだ。

このとき家康は、小山《おやま》（栃木県小山市）まで進軍していたが、ここで諸将を集めて評定（小山評定）を開き、西へとって返した。

当然、アダムズたちも一緒であった。

このときもまた、心待ちにしていた対決の相手である三成軍を、最新の強力な武器で粉砕しようと、家康は切望していたと考えられる。

◆小早川秀秋の裏切りを決定づけたのは？

慶長五年（一六〇〇）九月十五日。

家康軍（東軍）と三成軍（西軍）は、関ヶ原（岐阜県不破郡関ケ原町）で対峙した。

「大一大万大吉」の幟をたてた三成は、七万五千を率いて午前一時ごろ関ヶ原に向かった。自身は笹尾山に布陣し、正面に堀を掘って六千を配し、前に二重の竹矢来をめぐらせた。

「厭離穢土《おんりえど》」「欣求浄土《ごんぐじょうど》」の幟をたてた家康は、中山道を西上し、明け方関ヶ原東南の桃配《ももくばり》山《やま》に本陣を置いた。

両軍の将兵あわせて十五万の、日本史上最大規模の合戦である。

前の夜から雨が降っていて、夜が明けて雨が止んでも、濃い霧がたちこめていて見通しがきかなかった。

霧が薄くなった午前八時ごろ、東軍最左翼の福島正則の軍の脇を、松平忠吉（家康の四男・井伊直政の女婿）と、赤備《あかぞな》えの井伊直政の軍が最前線へ通り抜けた。

そして、南天満山の麓の天満神社（関ケ原町柴井）に布陣している西軍の宇喜多秀家軍に鉄砲を撃ちかけて戦いを挑んだ。

抜け駆けである。

福島正則が井伊・松平に負けじと突出する。

これがきっかけになって、戦いが開始された。

以後あちこちで両軍が激突し、一進一退、どちらかといえば西軍有利に見える展開になり、昼ごろになった。

家康は一向にはかばかしい戦果をあげることができないまま、戦線が膠着状態に入ってゆくように感じていらいらしていた。

「小わっぱめが。見あやまったか」といい、家康は後悔したという（『関ヶ原』桑田忠親）。「小わっぱ」とは二十四歳の小早川秀秋のことである。

秀秋はすでに黒田長政を介して早々に内応する約束になっていた。にもかかわらず、陣を置いた松尾山から秀秋の軍勢一万五千は動く気配がなかった。

秀秋には平岡頼勝《よりかつ》という優れた老臣がついている。

それに、なんといっても秀秋は秀吉の妻・ねね（北政所）の甥であり、動かないまま、さもなければ約定を違えて西軍につく可能性がある。

家康は松尾山めがけて早く西軍を攻撃せよという催促の鉄砲を撃ち込むことにした。

家康自身の鉄砲頭・布施孫兵衛と、福島正則の鉄砲頭・堀田勘右衛門がそれぞれ十挺ずつ、計二十挺の鉄砲で藤古《ふじこ》川左岸の河岸段丘の崖の肩から松尾山の秀秋軍を撃った。

これが、関ヶ原の勝敗を分ける一瞬になった。

関ヶ原古戦場、三成の陣跡（2010 年撮影）

家康軍から鉄砲でつるべ撃ちにされたため、秀秋は驚いて重い腰をあげ、一万五千が喊声をあげて松尾山の西北麓の大谷吉継《よしつぐ》の陣めがけて、斜面を雪崩を打って馳せ下った。

西軍の大谷吉継は秀秋の寝返りを想定してしっかり陣を構えていたものの、わずか兵千五百である。善戦したが、とてもかなわなかった。

これで日和見《ひよりみ》をきめこんでいた武将たちから芋づる式に家康軍への内応者が増え、西軍は一挙に戦意を喪失し、敗走四散することになって、ここに家康の「天下分け目」の戦の圧倒的な勝利による天下取りが成功した。

しかし、そうだろうか。

そうではないのではないか。

疑問がある。

小早川秀秋が陣取った松尾山の麓に行けばわかるが、有効射程距離二〇〇メートルくらいの鉄砲二十挺をいくら秀秋軍に向かってつるべ打ちに撃ちかけたところで、効果はまずない。

秀秋軍には、なんの打撃にもならない。

ただ山の下の方で家康軍の二十人がこっちに向かって鉄砲を撃ってきている、というだけのことである。

それよりも、そこかしこで、激戦が展開されていた。

「敵味方押しわけて、鉄砲をはなち、矢叫びの声、天をひびかし、地を動かし、黒烟立って、日中もくらやみと成り、敵も味方も入合い、錣を傾け、干戈を抜き持ち、おっつまくりつ攻め戦う」(『関ケ原軍記』)という、凄まじい状況である。

松尾山の山頂の陣にいる秀秋や側近たちの耳に、山裾のかなたで撃たれる二十挺の鉄砲の射撃音など届きはしない。

藤古川の崖の上でパラパラいっているだけで、なんの迫力もない。

したがって、それが家康の東軍に怯えた秀秋軍が山裾の大谷吉継の陣に攻めかかる動機になったとは考えにくい。

記録は残されていないが、ここで家康はウイリアム・アダムズを起用したのではなかったか。

家康は会津の上杉討伐のためにアダムズを同行させ、以後も行動をともにしていたはずであり、関ヶ原には同行させないというのは不自然である。

アダムズを自軍の一員に組み込んでいたと考えるのが当然である。

関ヶ原の地図を確認すると、家康軍が秀秋軍に向かって鉄砲を撃った場所は、藤古川の左岸にある井上神社（福島正則の陣）から一〇〇メートルほど南であったと思われる。

いまでは新幹線と東名高速道路の工事を行ったため地形が変わってしまっているが、そのあたりの藤古川の河岸段丘は、かつてはかなり高く切り立っていたという。

アダムズたちは、その河岸段丘の崖の肩にリーフデ号の積荷であった大砲をずらりと並べて海戦用の鏈弾（chain shot）をぶっ放した。

この砲の射程距離は、約五〇〇メートルである。

高地になっている藤古川左岸の河岸段丘から松尾山の中腹斜面に布陣された秀秋軍までちょうど五〇〇メートルほどだから、その威力は十二分に発揮されただろう。

アダムズらによって耳を聾する轟音とともに撃ち放たれた鏈弾は、鋼鉄の玉二箇をつないだ鎖が木々も将兵もまとめて薙ぎ倒した。

首であろうと胴であろうと脚であろうと、鏈弾の二つの鋼鉄の玉と鎖は将兵の鎧兜を打ち砕き、人の肉体を骨ごと薙ぎ斬り、内臓が四散したことだろう。

その凄まじい威力に秀秋軍は慄えあがり、狼狽して恐怖に背中を圧され、松尾山西北の麓に布陣していた大谷吉継の軍めがけて斜面を駆け下り、突撃せざるを得なかった。

脇坂安治、朽木元綱の軍一万数千も寝返って、西軍の大谷吉継軍の横腹を突き刺すようになだれ込んだ。

結果、西軍の陣営全体が混乱し、迷走した。

毛利軍の前線を固めていた吉川広家《きつかわひろいえ》も動かず、小西行長軍は宇喜多軍とともによく戦ったものの、壊滅状態に陥った。

大谷隊は玉砕し、小西軍も敗退し、やがて笹尾山の三成軍も潰走した。

結果、西軍全体が壊滅し、これで家康は勝利し、戦塵をおさめて覇権を確立させることができた。

だとすれば、ウイリアム・アダムズは家康を天下人に押し上げた最強の助っ人であり、関ヶ原における大きな功績者だったといえよう。さらにアダムズはそれ以降の日本に二五〇年を越える平和をもたらした砲撃を行ったということもできよう。

◆もう一つの「関ヶ原」を演出した真田氏

こうして関ヶ原の合戦は終わったが、ここで時間を過去へさかのぼらせて、真田一族について述べておく。

真田幸村（信繁）は永禄十年（一五六七）、真田昌幸の次男として生まれた。

真田家は信濃・小県《ちいさがた》郡真田郷（長野県上田市）の国人衆で、甲斐（山梨県）の武田信玄に帰属していた。弱小領主であり、巧妙な調略を展開して苦労しながら生きながらえ、上田城（長野県上田市）を構えた。

だが、幸村が十六歳になった天正十年（一五八二）、真田家はことのほか厳しい境遇に転落することになった。

まず、三月、主家である武田家が信長に滅ぼされた。

昌幸はそれから二十日もたたない四月に、信長の配下に加わった。

しかし、六月二日に信長は本能寺の変に倒れてしまう。

と同時に、相模・小田原の北条氏が上野（群馬県）へ侵入したため、昌幸は急いでこれに服属した。

が、力を得た家康が勢力をのばしてきたから、今度はその陣営に入った。本能寺の変があった天正十年（一五八二）の九月のことである。

のちに秀吉は昌幸を「表裏比興《ひきょう》（卑怯）の者」といい、家康は「稀代の横着者」といった。『三河後風土記』には「生得危険な姦人」と記録されている。

昌幸はそれほどの調略寝業師であるということだが、信義も節操もヘチマもない裏切りに次ぐ裏切りをやらなくては、弱小領主は生き残ることができなかった。変り身の速さは戦国の世に生き残るための必須条件であった。

目まぐるしく支配者が変わる困難のなかで、強烈な寝業師である父の生き方を見ていた幸村少年は、なにを感じとっていたのだろう？

いや、そんなことを考えている暇《いとま》はなかったかもしれない。

本能寺の変の約三ヶ月後から家康に従属した昌幸は、天正十三年（一五八五）七月には越後の上杉景勝の配下に入った。

というのは、家康が小田原・北条氏と和議を結ぶため、妥協策として一方的に真田家の領地である沼田（群馬県沼田市）を割譲したからである。

沼田領は真田家の墳墓の地であり、要衝の地であったから、昌幸はこの沼田割譲を到底受け容れることができなかった。

それで昌幸は景勝の配下に入ったわけだが、もちろん昌幸は景勝一人を頼りにしたということではなく、その背後にいる強大な秀吉の存在を重く見ていた。

離反され、激怒した家康は、八月末には七千の兵をもって上田城を攻めた。

対する昌幸は上杉景勝に援軍を求め、二心ないことを示すために人質として十九歳の幸村を送り届けた。

上杉家では、幸村に信濃・屋代千貫文（約五千石）をあたえ、家臣として扱った。

また、景勝は幸村を海津城《かいづ》（松代城・長野市松代町）に置いた。

こうした信義に篤い処遇をする景勝自身の在り方や、参謀である直江兼続に、幸村は大きな影響を受けたことだろう。

◆徳川を翻弄し続けた真田昌幸

さて、上田城（長野県上田市二の丸）へ攻めよせた徳川軍七千だが、これに対して昌幸はわずか騎馬二百、雑兵千五百余、二千に満たない兵で迎え撃った。

有名な「神川合戦《かんがわ》」（第一次上田合戦）である。

昌幸は上田城に立て籠り、長男・信幸（信之）が砥石城《といし》（伊勢山・長野県上田市上野）に三百をひきいて陣取り、必要に応じて出動する遊撃隊の役を果たす作戦をたてた。

景勝と兼続は幸村を上田城へ返し、二千の援軍を出動させ、地蔵峠に陣を構えた。

諸説あるが、幸村はこのときが初陣で、昌幸にあたえられた「赤備え」の兵二百とともに出撃したという。

「赤備え」とは鎧兜から槍、刀の柄、鞘まで赤一色の軍で、これはのちに大坂の陣で大きな存在感を発揮することになる。

この「赤備え」で、真田軍は徳川軍を釣った。

徳川軍は前の年に小牧・長久手の戦いで秀吉軍に勝ったところで勢いがあったから、真田軍を追撃し、上田城へ迫っていった。

城下に入り、真田軍はさらに上田城内へ逃げ込む。

徳川軍はこれを追う。

追って大手門まで達すると、門が開かれて真田の兵が打って出る。

だが、すぐ退却する。

徳川軍は城中になだれ込む。

真田の兵は城の奥へ逃げた。

徳川軍はさらに二の丸まで攻め込んだが、このときから真田軍の反撃が開始された。

狭い二の丸になだれこみ、ひしめき合って動きがとれない徳川軍めがけて丸太や大石が投げこまれ、さらに鉄砲や弓で激しく射撃した。

徳川軍に死傷者が続出した。

そこへ、開かれた城門から突撃隊が襲いかかった。

徳川軍は敗走し、追撃する真田軍は町に火を放ち、さらに徳川軍を追い詰め、待ち伏せしていた遊撃隊の信幸が攻めかかった。

逃げ散る徳川軍が上田城の東南を流れる神川まで逃げたとき、昌幸は上流に築いておいた堰を切った。

神川は折からの大雨で増水していたから、徳川軍はたまったものではなかった。

結局、徳川軍は千三百余も討ち取られて敗退し、撤退することになった。完全に昌幸の作戦の勝利である。

このあと昌幸は、上杉景勝の仲介で秀吉に近づいて真田家のさらなる安泰を計るが、皮肉なことに秀吉の命令で家康の幕下に加えられることになった。

長男・信幸（信之）は家康のもとに人質として送られ、本多忠勝の娘・小松姫（家康の養女）を娶った。

そして、上杉家の人質であった幸村は、秀吉のもとに移された。

兄同様人質ではあったが、秀吉のそばに置かれたとき、優秀な側近として働く石田三成や大谷吉継と親しくなって、ここでも幸村は大いに啓発され、学ぶものが多かったことだろう。

秀吉の小田原・北条攻めも体験した幸村は、文禄三年（一五九四）二十八歳で大谷吉継の妹の夫・浅野内蔵助の娘・利世を正室に迎えた。

利世は大助、大八、あぐり、お菖蒲、おかねの二男三女をもうける。

◆秀忠軍を引き留め、気骨を示す

星霜移って慶長三年（一五九八）八月十八日に秀吉が亡くなると、その翌年の閏三月三日には前田利家も死去した。

すでに述べたように、これで政治勢力の均衡がくずれ、家康と石田三成がことを構えることになった。慶長五年（一六〇〇）七月のことで、昌幸はこのとき徳川秀忠の幕下にあって、会津の上杉景勝征伐に向う途中であった。

が、下野・佐野の犬伏《いぬぶし》（栃木県佐野市）で、昌幸は長男・信幸と次男・幸村と三人で真田家の去就について相談した。

結論は、昌幸は幸村とともに西軍（三成）、信幸は東軍（家康）につくことになった。どちらが勝っても真田家が生き残る計算である。

「父子引分れ候も、家の為に能き事もあるへし」（『滋野世記』）と考えた結果だが、敵味方に分かれた「犬伏の別れ」は、やはり苦渋の選択であっただろう。

昌幸・幸村は、上田城へ帰って城に立て籠り、関ヶ原の決戦となると、信幸は四歳の次男・信政を江戸城の家康に人質に差し出して忠節を誓い、秀忠に従って中山道を関ヶ原へ向かった。

真田家は天正十三年（一五八五）に二千に満たない兵で七千の家康軍を撃退したことは先に述べた通りで、これが大きな自信となっていたものの、今回は徳川秀忠率いる二万八千の軍団が上田城に迫った。

が、昌幸・幸村父子は三千（五千？）の兵で、これを巧みに防衛した。

上田城の東の虚空蔵山《こくぞう》に兵を隠し、神川の水を堰止めた。

幸村は数十騎をひきいて秀忠軍を挑発した。

秀忠軍を城近くまで引きよせ、銃撃して、殲滅する。

また、神川を渡って追ってくる秀忠軍に、幸村軍と、側面から虚空蔵山に隠れていた伏兵が襲いかかって混乱させ、神川の堰を切って背後をふさいで潰しにかかった。

結局、完全に勝つことはできなかったが、上田城の攻防に釘付けにされた秀忠軍は、九月十五日の関ヶ原の合戦に間に合わなかった。

実質的には昌幸・幸村父子の勝ちであったといえよう。

しかし、関ヶ原の合戦は、秀忠軍の到着を待つことなく、家康がたった一日で大勝してしまった。

遅れて関ヶ原に到着した秀忠を家康は怒鳴りつけたという。

が、とにかく、昌幸・幸村父子は「A級戦犯」ということになる。

当然、死刑にしろ、ということになった。

とくに、上田城で苦杯を飲まされ、関ヶ原の決戦に遅れた秀忠が、激しく死罪を求めた。

が、信幸が助命嘆願した。妻の父である本多忠勝も、家康に直訴して助命を乞うた。忠勝は「お聞き容れないということであれば、それがしが殿と合戦に及びます」と強談判《こわだんぱん》し、これには家康があきれてやむなく折れ、昌幸・幸村父子は高野山の麓の九度山《くどやま》（和歌山県伊都郡）に蟄居処分となった。

これが甘かったことを家康はのちに思い知らされることになるのだが、かくしてこの年の十二月はじめには、幸村は父・昌幸や妻・利世、子供たち、十六名の家臣とともに九度山へ移住した。

関ヶ原の合戦で家康の東軍側に立った諸将たちは、あくまでも石田三成を倒すために戦ったのであって、豊臣秀頼を敵将として戦ったという気持があったわけではなかった。

それまで抱いていた豊臣家に対する情義《じょうぎ》からくる敬意や忠誠心が消えていたわけでもなかった。つまり、どの武将も家康の支配と豊臣家の支配の両方に従うという二重構造のなかで生きなければならなかった。

とりあえず関ヶ原の合戦は秀頼のための戦である、と考えていた。

家康の大義名分も、秀頼のために戦うということであったが、同時にその最終目的は秀頼を亡き者にし、豊臣家をつぶすことであった。

もちろん慎重賢明にして狡猾な家康は、それをあらわにすることはなかった。

〔六〕大坂の陣　❖七十四歳

◆将軍家康と淀君の政治的対決

関ヶ原の戦勝後、大坂城へもどった家康は、まず秀頼に会って勝利を報告し、そののちに戦後の論功行賞を行った。

家康は、関ヶ原後は自動的に豊臣家の五大老筆頭という立場から「天下人」に脱皮したのである。

ただし、家康は、とりあえずは豊臣家に遠慮して、関ヶ原で戦功をあげた武将たちに領地を与えはしたが、慎重に、宛行状《あてがいじょう》を発行することなく、口頭で領有許可を与えた。

この合戦後、豊臣家は摂津・河内・和泉三ヶ国六十五万四千石余の、実質的には一大名に転落した格好になった。

といっても、秀頼母子は天下の名城・大坂城に拠る強大な権威であり、秀吉の余徳《よとく》はまだまだ威令《いれい》として諸将を抑えているといえた。

それに、秀頼母子は右の三ヶ国のほかにも西国のあちこちに領地と、なによりも秀吉が残した莫大な金銀を所有していた。孤立してゆくことに淀君は苛立ちをおぼえただろうが、それら

の金銀の存在の頼もしさにその苛立ちは幾分かは慰められたことだろう。

そして、ここに、秀頼と家康の孫娘の千姫を結婚させる案が実行に移された。

慶長八年（一六〇三）七月二十八日のことで、このとき秀頼は十一歳、千姫はわずか七歳で、この幼い二人はいとこ同士でもあり、秀頼の母・淀君と千姫の母・江《ごう》姉妹が積極的に動いて豊臣と徳川を結びつけた婚姻であったといわれる。

そのうえで、家康はまず秀頼母子が所有する莫大な金銀を使い果たさせる策を取った。社寺を造営させ、秀吉の菩提を弔う供養のため、と称して秀頼母子を説得したのである。

それ以降、方広《ほうこう》寺（京都府京都市東山区）の大仏と大仏殿、鞍馬寺、醍醐寺・三宝院金堂、東寺南大門、伊勢神宮・宇治橋、相国寺法堂、金戒光明《こんかいこうみょう》寺・御影《みえい》堂、善光寺、北野天満宮などが次々に再建・造営・修築され、秀吉が蓄えた金銀が湯水をぶちまけるように消費されていった。

秀吉が大坂城に残した財産は、金子九万枚、銀子十六万枚、金銭五貫文、銀銭二百貫文、大判千枚吹きや二千枚の金分銅、ほかにも貴重な宝器、什物、衣類、武具、弾薬、兵糧などな

大坂（阪）城遠望（大阪府大阪市）

ど（『慶長中外伝』）すさまじい価値があるものばかりだった。

それらの遺産から、秀頼と淀君は関ヶ原の翌々年から五年の間に、大坂で二十八個の金塊から大判四万五千七十二枚を鋳造したという。千九百七十貫（七三八七・五キログラム）で、現代の金額で約三百二十五億円である。

家康は豊臣家の力を削ぐために金を使わせたのだったが、その財力に舌を巻いたのではなかったか。

が、ここで確認しておかなければならないことは、淀君の意思である。

醍醐寺にしても北野天満宮にしても、再建、造営についての出費の最終決定権は、秀頼ではなく、淀君が持っていたことだ。

秀頼の後見人としての淀君の地位は、北政所にも勝るとも劣らない強権であった。

これは、豊臣家にとって、よかったのか？　よくなかったのか？

慶長八年（一六〇三）、家康は「征夷大将軍」に任じられた。

しかし、わずか二年後の慶長十年には、その将軍職を息子の秀忠に譲り、みずからは駿府に引退して「大御所」になってしまった。

このことは、将軍職を徳川家の世襲制にするということを意味していた。

そして家康は、このとき十三歳であった秀頼に、将軍・秀忠に対して、上洛して賀詞を申し述べることを要求した。

その使者は、北政所がつとめたのだが、豊臣家側がこれを承知すれば、豊臣家が徳川家に服属する大名のひとつであることを認めたことになり、万事がおだやかにおさまるはずだった。

が、淀君は激怒した。


秀頼公母台、是非共其儀有之間敷《ぜひともそのぎあるまじく》、若達而於其儀者《もしそのぎたつせられなば》、秀頼公を令生害《しょうがいせしめ》、其身も可有自害《じがいあるべく》の由（『当代記』）。


淀君は家康の要求を言下に拒絶し、さらに上洛せよというなら秀頼を殺してみずからも自害する、といったという。

淀君は、家康に対する敵意だけでなく、北政所にも敵意を抱いていたということかもしれない。淀君は冷静さを失い、ヒステリックな反応をしたように感じられる。

そして、すでに六十四歳になっていた家康は、これをきっかけとして豊臣家を完膚なきまでに潰さなければならない、と肚を括ったといわれる。

また、秀頼は十四歳のとき『帝鑑図説』を出版した。

中国明代の帝王学の教科書の和刻本で、跋文には、

妙年に及ばずして学を志し、老成人の風規がある（相国寺・西笑承兌）

と、このころの秀頼を高く評価している。
こういう本を出版した意図は「秀頼が天下人の正統なる後継者として帝王学を学んでおり、それを補佐する聡明な家臣たちがそばに仕えていることの宣言であった」（『豊臣秀頼』福田千鶴）
いいかえれば、これは高級な政治的プロパガンダであり、家康への反撃であったともいえよう。

◆大人になった秀頼と九度山の幸村

それから六年を経た慶長十六年（一六一一）三月二十八日。

駿府に隠居して七十歳を迎えていた家康が上洛し、秀頼を二条城に呼んで「一時計《いっときばかり》（二時間）」（『義演』）対面した。

浅野幸長と加藤清正、池田輝政と藤堂高虎が秀頼に供奉していた。

十九歳になっていた秀頼は、家康が予想していた以上に立派な青年に成長していた。

秀頼と直接言葉を交わした家康は、側近の本多正純《まさずみ》に「秀頼は賢き人なり。なかなか人の下知など請《う》くべき様子にあらず」ともらした、と『明良洪範』に伝わっている。

賢い青年だ、ひとの命令など聞くような器量ではない、と本音を呟いた感じである。

このように秀頼が舅・家康に伺候したことで、家康は秀頼より上位である、秀頼は家康の臣下になった、という形になりはしたけれど、秀頼は結構しぶとく抵抗した。

二条城の会見直後、家康は秀頼に鷹を三羽と馬十頭を贈った。

それに対して秀頼は礼状を書いているが、その書式は家康に敬意を表しているものではなかった。秀頼の意思でそうしたか？　あるいは淀君の入れ知恵であったか？

いずれにしても、秀頼の意想外の出来の良さに、家康はあせりを覚えた。

わが目の黒いうちに、急いで始末しなければならない。そう思ったはずである。

そして、家康はついていた。

二条城の会見の直後の四月七日、浅野長政が六十五歳で死んだ。

六月四日に、真田昌幸が六十五歳で没した。

堀尾吉晴も、六十九歳でなくなった。

さらに秀頼に忠実この上なかった加藤清正が、六月二十四日に五十歳で死んだ。

これらすべて秀吉に関係の深い武将たちの死は、武将たちの豊臣家からの離反をうながし、豊臣家を孤立させていったから、秀頼にとって大きな、手痛い打撃であったといわなければならない。

地震で倒壊したり火災で焼失していた京都・方広寺の大仏殿が建ちあがり、鐘が完成したのは慶長十九年（一六一四）四月のことである。


大仏殿鐘唐金《からかね》一万七千貫目余（中略）鐘の口九尺一寸五分、高さ一丈八寸、厚さ九寸（『駿府記』）

青銅製で口径二メートル七五センチメートル、高さ三メートル二四センチメートル、厚さは二七センチメートルという巨大な鐘である。

この鐘はとくに関ヶ原の合戦のあと秀吉を供養するため、豊臣家の威勢復権を示すための、秀頼の一大事業だった。

この方広寺の大仏の再建造だけで金十四万三千枚、銀二万三千余貫、米二十三万六千石が消尽された。

そして、ここに「方広寺大仏鐘銘事件」が引きおこされる。

この巨大な鐘の銘文は東福寺（京都府京都市東山区）の文英清韓《ぶんえいせいかん》が書いたものだったが、金《こん》地院崇伝《ちいんすうでん》や板倉勝重《いたくらかつしげ》、御用学者の林羅山《はやしらざん》らが鐘に彫られた銘文に問題の言葉があると難癖をつけた。

「国家安康」とあるが、これは家康という諱《いみな》を二つに切ることを意味する。

「君臣豊楽」は、豊臣家だけが栄えるという調伏・呪詛の意味ではないかといういいがかりで、文英清韓は釈明したが、無視され、これは結局、大坂の陣の口実にされた。

家康はかねてから多くの浪人を招集しはじめた大坂方の動きを睨みつつ、豊臣家討伐の口実を考えていたが、そこに降って湧いたのが方広寺大仏の開眼供養であった。

先に説明したように、もともと秀頼に黄金を消尽させて豊臣家の体力を奪うためにあちこちの寺社再建・修築を勧めたのは家康で、この作戦を考え出したのは京都五山の碩学や御用儒者・林羅山たちであり、その中心人物は金地院崇伝だった。

あわてて釈明にあらわれた大坂方の外交担当・片桐且元に対して、崇伝は鐘銘問題ではなく、浪人招集の真意を詰問した。並外れた鋭い頭脳に卓越した知識と弁舌をそなえた崇伝にとっては、さほどの教養もない武将など赤児の手をひねるようなものだっただろう。

かくして十一月に大坂・冬の陣を勃発させたものの、天下の名城・大坂城は手ごわかった。名将・真田幸村が活躍した。

関ヶ原の合戦があった慶長五年（一六〇〇）の十二月はじめ、重要な戦犯とみなされた真田幸村は、父・昌幸や妻・利世、子供たち、十六名の家臣とともに九度山（和歌山県伊都郡）へ蟄居させられた。

九度山における生活は、長男の信之（信幸・上田藩主）や一族家臣から仕送りがあったものの、かなり苦しかったようで、親類に金を借りたり、上田の紬《つむぎ》織りの技術を応用した真田紐を作って家臣たちが行商したりしたという。

幸村は家臣の河原左京に壺に焼酎を入れてこぼれないように封を固くしてほしい、余りがあれば別の壺に入れて送ってほしいという手紙も書いている。

そして、慶長十六年（一六一一）六月には昌幸が六十五歳で病死した。

三年以内には大坂で動乱が起こることを予言して死んでいったと伝えられる。

幸村は出家して伝心月叟《でんしんげつそう》と名乗り、そのまま世を捨てて貧を楽しみながら生きるかに見えた。

このころ、妹の夫である小山田茂誠《しげまさ》宛に書いた手紙が残されている。

は（歯）なと《(ど)》もぬけ申候《もうしそうろう》、ひけ（髭）なともくろきハあまり無之候《これなきそうろう》

歯なども抜け、髭なども黒いところがあまりなくなってしまった。また「もはや懸御目候《おめにかかりそうろう》事有間敷哉《ことあるまじくそうろうか》」ともいう。

もうお会いすることもないでしょうと、近づいてくる死の足音を聞いている覚悟がにじんでいるようにも読める。

◆幸村が入城して大坂冬の陣が始まる

九度山で十五回目の寒い冬を迎えようとしていた慶長十九年（一六一四）十月、四十八歳になっていた幸村を、豊臣秀頼の密使が訪れた。

用件は、挙兵することになったので、力を借りたい、ついては当座の資金として黄金二百枚、銀三十貫を贈りたい、合戦に勝ったときは五十万石の大名として取り立てたいということであった。

幸村はこれを承知し、九度山を出るときは数百人の村人たちを酒宴に招いて酔いつぶれさせ、山伏に扮して百五十騎（『真田家譜』）ほどで紀ノ川を渡り、紀見《きみ》峠（和歌山県橋本市）を超え、河内経由で大坂に入ったという。

三光神社に建つ真田幸村（信繁）像　（大阪市天王寺区）

山伏姿で秀頼の側近である大野治長《はるなが》を訪ねた幸村を、大坂城の番所の若侍たちは怪しんだ。幸村は名乗らないまま、治長が帰ってくるまで待っていた。

待っているうちに番所の若侍たちが幸村をからかって刀を見たいというので見せてやると、これが名刀・正宗なので驚いて騒いでいるところへ治長が帰って来て、真田幸村だとわかった若侍たちはまた驚いて平伏し、詫びたという（『武辺咄』）。

幸村は兄・信之に「柔和忍辱にして怒り腹立つことなし」といわれたおだやかな男だが、茶目っ気があったようで、次に若侍たちに会ったときに「刀の目ききは上達したか」とたずねて赤面させたとも伝えられる。

大坂城で、幸村は長宗我部盛親《もりちか》、毛利勝永《かつなが》とともに「三人衆」と呼ばれ、後藤又兵衛《またべえ》、明石全登《てるずみ》とともに「五人衆」とも称され、他の武将とは別格扱いされた。とはいえ秀頼を擁立している大坂方は大野治長、治房《はるふさ》、治胤《はるたね》の三兄弟が支配しており、秀頼の母・淀君の発言権が大きかった。

浪人衆として集められた武将の一人として意見を通すことは難しかったが、幸村は大坂城の南の平地に半円型の出丸・真田丸（曲輪・稜堡）を築いた。これが、戦いになったとき、家康を大いに悩ませることになる。

十二月四日、二十万を越える家康軍の前田利常《としつね》、井伊直為、松平忠直《ただなお》がこれを攻めた。おしよせる軍をすぐ近くまで引き寄せ、幸村は一斉射撃を浴びせ、混乱したところへ五百余に突撃させた。

これによって前田が約三百、越前（松平忠直）が四百八十以上を討死にさせて、あえなく撤退した。

家康は二度の上田城における合戦、そして今回と、三度同様の作戦で苦杯をなめさせられることになった。

こうして勇名を輝かせる幸村を、家康は誘った。

家康に服属している幸村の叔父・信昌を通してまず十万石、さらに信濃一国をあたえるという条件を提示した。

幸村は毅然として断った。


久しく高野山に乞食《こつじき》して露命をつなぎ月日を送る所、秀頼公に抜擢せられ、城中一方の将を命ぜらる。此恩に感じ一命は秀頼公に献じ奉る志なれば、台命に従ひ難し（『台徳院殿御実紀』）

私は「城中一方の将」がいい。一軍の侍でいい、という武士としての生き方を、いさぎよく明確に物語る言葉である。この回答をもらって舌打ちする家康の渋面がみえるような印象をあたえる。

また、この冬の陣のあと、幸村は娘・すへの夫・石合《いしあい》十蔵《じゅうぞう》宛の手紙に、

此世にて面談は有之《これある》間敷《まじく》候《そうろう》、何事もすへのこと心に不叶《かなうまじ》き候共《そうらへども》、御《お》見《み》捨《すて》無之《これなき》やう頼入《たのみいり》候《そうろう》

もうこの世で会うことはないでしょう。娘・すへは気に入らないこともあるでしょうが、なにとぞ見捨てないように頼みます、という。娘の幸福を切に願う父親の、愛情いっぱいのほほえましい手紙で、知謀の猛将の人間的一面をあらわしている。

◆和睦の後の交渉で必勝態勢を作る

結局、和睦が結ばれることになった。

といっても、このとき二十歳で初陣の秀頼に、十万の将兵を指揮して徳川軍と戦う能力があったかどうかは、わからない。

秀頼公勢《せい》高く（身長が高く）顔ニクニクシク荒《あらび》テ、力ハ不通（普通）之人ノ拾人力許有《ばかりあり》ケルガ、太く逞シキ御馬ニ召レシカバ、阿晴《あつぱれ》大将ヤト見ベシ（『豊内記』）

指揮官としての才能は見えないが、背の高い、力強そうな威風堂々とした大将ぶりであったことはわかる。

それに、将兵といっても、豊臣家に対する忠誠心からではなく、銭金や仕官目当ての「日用」（日雇い）と呼ばれる傭兵が多く、統制が充分にとれなかった。また、秀頼を側近で補佐していたのは織田有楽《うらく》、大野治長・治房兄弟など、野戦に疎く、苦手な者ばかりだった。

そして、家康は和睦を申し込む。

この和睦とは名ばかりで、家康は大坂城の「惣堀」（惣構えの堀）を埋める約束を、あえて「総堀」（総《すべ》ての堀）を埋めると曲解し、三の丸の外堀を埋めてしまった。

もうやり放題であった。

抗議など受け付けなかった。

三の丸につづいて二の丸の千貫櫓、織田有楽の屋敷、大野治長の屋敷を破壊し、その瓦礫や木材、土石などで二の丸の内堀まで埋め、気がつけば、大坂城は、残ったのは本丸だけの裸城になっていたのである。

だが、二の丸、三の丸を破却して内堀まで埋めてしまうことは、和議の交渉をしたときから豊臣方は承知していたことであったともいう（『徳川家康』笠谷和比古）。

総構はこの方より御人数にて御こわしなされ候、二の丸、三の丸は城中人数にてわり申候、堀などやがて埋め申すべく候（慶長十九年十二月二十六日付・細川忠利の家臣宛書簡）

総構は家康側の者たちが壊し、二の丸、三の丸は豊臣側の者たちがこわし、やがては堀なども埋め立ててしまう、といっている。

戦いも、停戦交渉も、家康の勝利であった。

家康は、秀頼を大和（奈良県）か伊勢（三重県）に移すか、城を守っている将兵（浪人）を追い払うか、と迫った。

秀頼は駿府へ帰っている家康に、国替えは許してほしいと交渉したが、一蹴された。

秀頼は青木一重《かずしげ》を礼謝使節に立てた。

青木はもともと駿府の今川氏真に仕えていた男だが、家康にも仕え、丹羽長秀にも仕え、秀吉にも仕えてきていた。

秀頼は、青木は誰彼と仕えてきたから老練な交渉をするだろうし、なにより家康にも知られている、しかも青木の弟の可直《よしなお》は家康に近侍している、と考えたのだろうが、これがダメだった。京都所司代の板倉勝重に京都へつれていかれた青木は、拘束され、板倉に「これでお前が大坂へ帰ったら弟の可直を殺すぞ」と凄まれた。ために青木は大坂城へ戻らず、髪をおろしてそのまま隠棲してしまった（のちに再び家康に仕えた）。いってみれば、トンズラである。

淀君は常光院《じょうこういん》を使者に立てた。常光院は淀君の妹の初である。秀忠の正室・江の姉である。二位局（阿古御局《おこごのつぼね》）も使者にした。松永久秀の娘か孫娘といわれ、秀頼の侍女であった。また、大蔵卿の局（大野治長・治房の母）と、明智光秀か浅井長政の娘（？）ともいわれる正栄尼《しょうえいに》（秀頼の乳母）も使者にした。

女たちが戦国の、苛烈な激流を泳ぎ抜いてきた家康を、説得できるはずもない。女たちは、豊臣家のためにあれこれと涙混じりにかき口説いただけであったにちがいない。淀君の浅知恵である。読みが浅かったとしかいいようがない。

とにかく、どうにもならなかった。

◆丸裸の城で大坂・夏の陣

家康は再び諸大名に大坂集結を命じた。

翌元和元年（一六一五）の大坂・夏の陣。

丸裸同然となった大坂城を攻めるのはたやすかった。

五月七日、最後の決戦で秀頼は梨子地《なしじ》鎧《よろい》緋縅《ひおどし》の甲冑をつけ、父・太閤の金瓢の馬印をつけて、「太平楽」と名付けたみごとな黒馬に乗って桜御門まで出た。

秀頼は天王寺表へ出陣するつもりであったが、連絡係である大野治長や真田幸昌（幸村の子）が城を出入りするのを見た大坂方の将兵が、もはや負けたから出入りしているに違いないと感じとって動揺することになった。

とかくするうちに大坂勢は総崩れすることになり、結局、秀頼は出馬することなく本丸へ、天守へと引き返したといわれている。

本来ならば、秀頼はもっとずっと早い時期に出馬してしかるべきで、すでに遅すぎたというべきだろう。

戦争の現場を知らないということが命取りになってしまった。

大坂・夏の陣は同年（一六一五）四月からはじまり、五月七日に決戦の日を迎えた。

家康軍十五万余、大坂方は五万五千余である。

家康は平野へ出陣し、幸村は毛利勝永隊とともに天王寺口に陣を置いて迎撃することにした。

合戦は正午過ぎにはじまり、幸村は正面から押し寄せる松平忠直、本多忠朝の軍に突っ込んだ。

「赤備え」の幸村軍は楔のように敵軍を割って食い込む。

毛利勝永がつづいて突撃し、激烈な戦いの戦塵が舞いあがる。

そのとき「浅野が裏切った」「浅野が西軍についた」という声があちこちで起こった。

幸村の作戦で、このため敵がひるみ、幸村はその一瞬を見逃さず家康の本陣に肉薄した。

峻酷苛烈な攻撃にまわりが倒されていくのを見た家康は、死を覚悟して腹を切ろうとしたとさえいわれる。

が、ここで幸村の力がつきた。

幸運な家康は逃げ去った。

幸村も他の将兵同様傷ついていたので、安居《やすい》天満宮（大阪府大阪市天王寺区逢坂）で休息した。

そこを、松平忠直の家来・西尾仁左衛門に襲われた。

幸村は仁左衛門と槍をもって戦い、討ちとられた。享年四十九。

仁左衛門は自分が戦ったのが誰かは知らず、倒したあとで幸村だと知ったという。

家康をとり逃がしはしたけれど、この幸村の戦いは「真田日本一の兵《つわもの》、古《いにしえ》よりの物語にもこれなき由」（『薩藩旧記雑録』）と絶賛されている。

豊臣方は千姫を大坂城から脱出させて秀頼と淀君の助命を乞うたが、家康は容赦しなかった。

家康は十万の兵で迫り、激戦の末に大坂城は炎上した。

最後に秀頼は淀君と千姫とともに天守に登り、

運命早究《はやきわま》りたり。ながらへて我世の衰へをみ給はんより、同じ道に急ぎ、後世《ごせ》を楽しみ給ふべし、百年の栄華も一睡の夢と成果《なりはて》る習《ならい》なり（『豊内記』以下同じ）

といい、腹を切ろうとした。

が、側近のひとりである速見守久に押しとどめられ、天守から東の櫓へ移動し、事態の成り行きを見守ることになった。

そして、山里丸に移り、やがて秀頼は、

我、太閤の子と生まれ、天下を知べき身なれども、天運究まり、今朝まで十万の大将たりしが、今残るところ二十八人也

といい、身の回りに最後まで残っていた二十八人一人ひとりに言葉をかけた。

また、速見守久に向かって

母公と一度に心清く自害して死骸を深く隠すべし。汝(速見守久)母公の介錯せよ。氏家(行広)は我介錯、毛利豊前守(吉政)は幼き子どもを殺すべし、そのほかの人々は櫓の外の番をせよ、我は少しまどろみて、その後切腹すべし

といい、秀頼は小姓の膝を枕に鼾をかいて眠った。

目を覚ますと、豊国神社の方角に向かって伏し拝み、淀君に向かって片膝たててすわって後世のことを語り、背後の速見に目くばせしてして淀君の首を斬らせた。

秀頼自身は左脇から右上に向かって割腹し、氏家がその首を斬りおとした。ほかの者もそれぞれ自害し、誰かが火を放ち、土蔵は焼け崩れた。

この土蔵は大坂城・山里郭の第三櫓の糒蔵、あるいは東下の段帯曲輪の東上矢倉であったともいう(『豊臣秀頼』福田千鶴)。

なによりも決定的に功を奏したのは、家康がウイリアム・アダムス(三浦按針)に命じてイギリスから取り寄せた最新鋭の海戦用のカルバリン砲四門、セーカー砲一門、オランダから取り寄せてあった大砲十二門、国産の大筒百門ではなかったかと考えられる。

銃砲の製造技術に熟達した国友《くにとも》(滋賀県長浜市)製の大砲も使用したが、とくにウイリアム・アダムズに用意させたカルバリン砲は射程距離が長く、凄まじい殺傷・破壊力があり、家康は

これらを宇喜多秀家の屋敷があった淀川の備前島（大阪市都島区片町・現在は陸続きになっている）に据え、砲術に長じた牧野正成、稲富正直の指揮のもと、大坂城天守に向けてぶっぱなした。

ウイリアム・アダムズも、もちろん砲手として参加していたと想像できる。会津の上杉景勝討伐に従軍させて、大坂の陣に参加させなかったのは不自然である。

家康はとにかく絶え間なく大坂城天守を砲撃しつづけた。

その、絶え間ない大砲を放つ爆音は、はるか京都まできこえたという。

天守の分厚い壁がぶち抜かれ、侍女たち七、八人が吹き飛ばされ、殺傷され、柱も壁も炎上して瓦解してゆくのを目の当たりにした淀君は仰天し、肝を潰して天守を捨て、山里曲輪へ逃げ、最後は自害した。戦争の激烈さを、淀君ははじめて現実感をもって見つめることになったのだ。

腹を切った秀頼は、満二十一歳九ヶ月の生涯であった。淀君は享年四十九。

秀吉の死からわずか十七年後、豊臣家は滅亡した。

大坂城の焼け跡には、金二万八千六十枚、銀二万四千枚が残されていた（『駿府記』）。莫大な遺産であり、これは家康が没収した。

秀頼には側室に生ませた娘がいた。七歳の奈阿《なあ》姫だが、これは千姫が助命を願い、聞き届けられて鎌倉（神奈川県鎌倉市）の尼寺・東慶寺に送られ、正保二年（一六四五）に三十七歳で亡くなった。

これで、豊臣家の血は途絶えた。

◆秀頼生存説、家康死亡説などの伝説

しかし秀頼は大坂城では死なず、真田幸村に守られて薩摩（鹿児島県）へ逃亡して生き延びたといわれ、鹿児島市谷山中央に墓が伝えられている。

花のよふなる秀頼様を　鬼のよふなる真田が連れて　退きも退いたよ加護嶋へ

と歌われている。

栄枯盛衰の悲劇、戦国の終焉そのものを生きた貴公子・秀頼を慕い、生きていてほしいと願う庶民の心が生存伝説を生み出したのだ。

滅びる者がいれば、繁栄する者もいる。

家康はこのあと幕藩体制を完成させて徳川武家政権を繁栄させ、明治維新が招来されるまで、二百五十年以上、日本を静かな平和な国として繁栄させるみごとな生涯を送った。

元和元年（一六一五）淀君と秀頼が死んだ大坂・夏の陣のとき。

家康は大坂で平岡の陣屋から茶臼山の陣に移動しようとした。

しかし、この動きは名将・真田幸村に察知されていた。

幸村は三百数十騎の精鋭を選んで特攻奇襲部隊を編成し、亀井村の森にひそんで家康を待ち伏せた。

幸村が天王寺口を守っているとばかり思っていた家康は、安心して茶臼山へ向かったのだったが、亀井村にさしかかると突如幸村の軍が襲いかかった。

幸村軍は大久保彦左衛門や本多忠朝、松倉重正など強豪を衝き崩して錐揉み状に進撃し、家康の軍勢を突き崩し、幸村は単騎駆けで家康に迫った。

彦左衛門だけが家康の身辺について離れなかったのだが、とても防ぎきれなかった。

家康は駕籠に乗って逃げた。

逃げたが、槍に突かれて死んだ。

幸村か、その配下か、これもまた名将の後藤又兵衛にやられて最後をとげた、という。

あるいは、逃げる途中、葬式の行列に出会ったので、家康はその棺桶のなかにもぐりこんだともいう。死人のふりをしたわけだが、和泉の半田寺山まで逃げたとき、紀伊から大坂へもどろうとしていた後藤又兵衛の手勢と出くわした。

どうも怪しいと感じた又兵衛は、棺桶を槍で串刺しにした。

突かれた家康は苦痛に耐えつつ声を咬み殺して自分の血がついた槍の穂先を袖で拭った。

それで棺桶のなかには本物の死人が入っているのだな、と考えた又兵衛は、そのまま立ち去った。

棺桶は急いで堺の南宗寺《なんしゅうじ》（大阪府堺市堺区南旅篭町東三丁目）へ運び込まれた。

南宗寺は沢庵和尚が再興し、千利休もその師の武野紹鷗《たけのじょうおう》もこの寺で修行したといわれる臨済宗・大徳派の名刹である。

この南宗寺で介抱もままならず、家康は息を引きとった。

家康の遺骸はこの南宗寺・開山堂の縁の下に埋められ、墓も建てられて今なお境内に立っている。

大坂・夏の陣が終わったあと久能山・東照宮（静岡県静岡市駿河区）に改葬された。

だが、政治的には、家康は目の前にしかと存在しければならない。

そこで河内国・吉田村の百姓・矢惣次なる六十六歳の人物が影武者をつとめることになった。

家康の側近の榊原康勝が見つけ出したのである。

家康は七十四歳になっていたが、この矢惣次の顔が余りにもよく似ていることに驚いたという。

家康は死ぬ一日前は茶色の羽織に帷子を着、笠をかぶっていたが、矢惣次も同様の恰好をさせられて、これを見た秀忠もあまりにもよく似ているので仰天したといわれる。

矢惣次を訓練したのは天海僧正《てんかいそうじょう》で、たくみに人々を欺き続けたものの、いつか発覚することをおそれて翌年には田中城（静岡県藤枝市田中）で毒の入った鯛のてんぷらを食べさせて殺してしまったという伝説もある（『史疑徳川家康事蹟』村岡素一郎）。

◆影のキーマンと家康の最期

アダムズの放った大砲が関ヶ原の勝敗を決し、家康は実質的に天下を統一して覇権を握ることになった。

大坂の陣でも、アダムズは同様の活躍をしている。

家康はアダムズの新しい兵器と、それらの運用能力に着目しただけではなく、短時日の間にアダムズを使える男だと見抜いて外交顧問に取り立てた。

さらに家康は、アダムズの先進的な知識や判断力、性格の公正さや誠実な努力家であることなどの秀れた資質を活用すれば、樹立したばかりの徳川政権の拡充強化に大きく役に立つと考えた。

家康はアダムズに江戸・日本橋小田原町（東京都中央区日本橋室町一丁目および本町一丁目）

に敷地面積一千坪ほどの役宅をあたえた。昭和初年まで「按針町（安針町）」と呼ばれていた一角である。

そして、慶長十年（一六〇五）、家康は駿府に隠居し、それと同時にアダムズに相模・三浦郡逸見《へみ》村（神奈川県横須賀市）二百五十石をあたえ、地名の三浦を苗字に、按針《あんじん》（羅針盤を扱う者という意味）を名としてあたえた。

みずからを天下人に押し上げてくれた異人への、律儀な家康の感謝の表現であった。

慶長八年（一六〇三）二月十二日、征夷大将軍に補されて徳川幕府を開いた家康は、大名七十数家に江戸城の増改修普請を命じた。

「天下普請」によって貧しくさびれた城だった江戸城を、幕府にふさわしい日本最大の城塞に作り変えていくのだ。

ところが、先にも述べたが、家康は二年もしないうちに将軍職を秀忠に譲って「大御所」となり、駿府城へ移った。

少年時代を人質として過ごしたこの駿府の城で家康は晩年の十年間を過ごした。

そして、大坂冬・夏の陣で豊臣氏を潰した家康は「一国一城令」を発布して幕府に磐石の重みをあたえ、新しい法律をつくって最も扱いの難しい朝廷の動きを封じる。

元和元年（一六一五）七月十七日、家康と将軍・秀忠、前関白・二条《にじょう》昭実《あきざね》が二条城（京都

府京都市）で連署して制定した「禁中并公家諸法度」であり、この法度によって歴代天皇は御所の塀の内側で軟禁生活を送ることになった。

家康も秀忠も、この時から数えて二百五十二年後の慶応三年（一八六七）十月十四日に、同じ二条城で十五代・慶喜が天皇に大政奉還することになるとは夢にも思わなかったことだろう。

元和二年（一六一六）一月、家康は田中城に滞在して計三回の鷹狩りを楽しんだ。

二十一日の朝、家康は興津《おきつ》で鯛を天ぷらにして食べた。

茶屋四郎次郎が栃の実の油を使って揚げた天ぷらである。

夕方、田中城にもどり、夜になって腹が痛くなった。

ようやく駿府城に帰ったのが二十四日で、侍医・片山宗哲《そうてつ》が調合した薬を服用して一時は回復した。

ひと息ついたものの、四月十六日に危篤に陥り、翌十七日、みごとに英邁《えいまい》な人生に終止符を打った。

享年七十五であった。

あとがき

信長と秀吉と家康の三人を比較して、誰が好きか、嫌いか、あるいは誰の生き方からなにを学んだか、誰の人生に共感を覚えるか、ホトトギスを殺してしまうか、鳴かしてみせるか、泣くまで待つかなどなど。

この三人をめぐる話題は、ヤキトリと酒や焼酎、ウイスキーにもよく似合い、平均的な日本人ならば、必ず二度や三度は議論した経験があるはずである。

信長は天才で、日本の中世にケリをつけて近世の扉を開いた。

たしかにそうだ。

秀吉は下層民から太閤まで、陽気に成り上がった。

これも、たしかにそうだ。

ところが、家康は陰険なタヌキ、というわけで、面白みに欠け、後継者をしっかり残して長生きしたことまでイヤな奴だといわれる。乱世の英雄は、やはり「過激派」が貴ばれ「常識家」はさげすまれるのかもしれない。

だが、よく考えてみると、実は「家康でありたい」という願望は男の心の片隅にひそんでいるのである。

破綻のない成功者で、その成功の成果を子孫に渡して安らかに死んでゆく。素晴らしいではないか！

俺も家康にあやかりたいものだ。

しかし、正面切ってそうはいえない。羞恥心もあるが、家康的なズルさを容認することが、自分自身の心のなかにひそむズルさをさらけ出してしまうような気がしてしまうのである。

あるいは人としてあまりにも平々凡々とした人生を望むようで、抵抗を感じ、つい「信長の人間五十年というのが潔いじゃないか」とか「秀吉のアイデアの卓抜さはビジネスに役立つよ」などといってしまいがちだ。

結果、家康には人気が集まらないということになるが、しかし、家康は抜群に秀でた才能がある人物である。

とくにその人生は、間一髪の差で命を拾った多くの危機を、知恵をめぐらせ、必死で、あるいは悠々として克服し、乗り越え、なみいる強豪武将たちの頂上を目指したものだ。家康の偉大な英邁さの一端に触れてみたいと思いながらこの本を書いた。

令和五年一月吉日

泉　秀樹

❖主な参考資料

『徳川実紀』国史大系　吉川弘文館
『信長公記』人物往来社
『大久保彦左衛門　三河物語』徳間書店
『家忠日記　増補　續史料大成 19』臨川書店
『武功夜話』新人物往来社 2
『定本　名将言行録』岡谷繁実　人物往来社
『徳川家康』笠谷和比古　ミネルヴァ書房
『徳川家康』藤井讓治　吉川弘文館
『徳川家康』山路愛山　独立評論社
『徳川家臣団』綱淵謙錠　講談社
『徳川家康公伝』中村孝也　吉川弘文館
『徳川幕閣』藤野保　中公新書
『徳川家康』河出人物読本　河出書房新社編集部 編　河出書房新社
『文禄・慶長の役』石原道博　塙書房
『家康の手紙』桑田忠親　文藝春秋
『史疑徳川家康事蹟』村岡素一郎　批評社
『後北条氏』鈴木良一　有隣堂

下記の古典籍については、上記以外に、いくつかの刊本、国立国会図書館デジタルコレクション、Web サイト等を参考にさせていただきました。

『徳川実紀』『改正三河後風土記』『信長公記』『家忠日記』『三河物語』
『若狭郡県史』

❖徳川家康関連地図

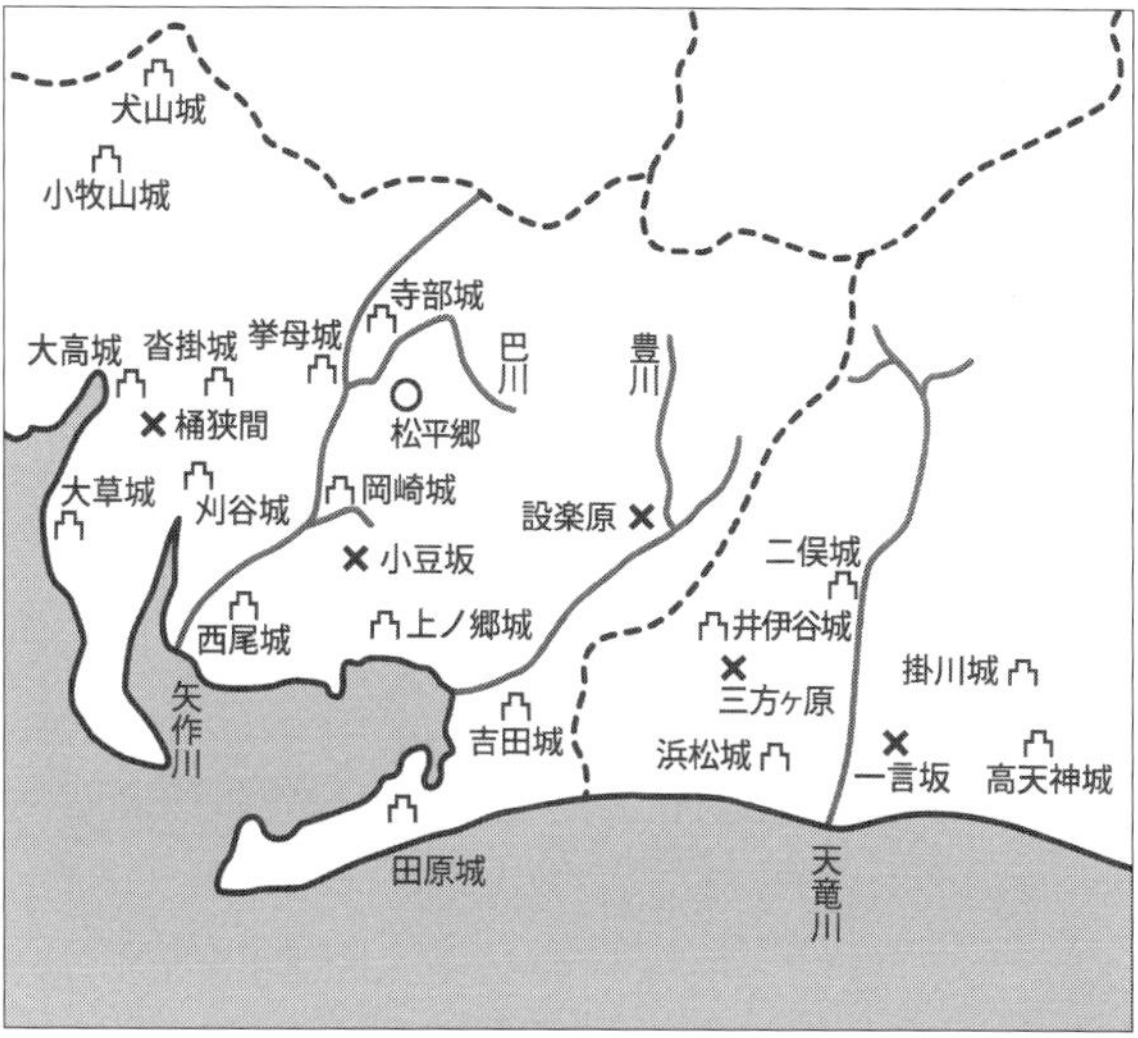
犬山城
小牧山城
寺部城
大高城
沓掛城
挙母城
巴川
豊川
桶狭間
松平郷
大草城
刈谷城
岡崎城
設楽原
小豆坂
二俣城
西尾城
上ノ郷城
井伊谷城
掛川城
三方ヶ原
矢作川
吉田城
浜松城
一言坂
高天神城
田原城
天竜川

和暦	西暦	年齢	項目
元亀２年	1571	30 歳	信康、浜松城にて元服（13 歳）。次郎三郎信康と名乗る。
元亀３年	1572	31 歳	信玄、遠江へ侵攻。家康、一言坂の戦いで信玄軍を迎撃するも敗北。三方ヶ原の戦い。信玄に家康は敗北。
天正元年	1573	32 歳	信玄没。死亡地は信濃・根羽、駒場とも。信長、足利義昭を追放（室町幕府崩壊）。
天正３年	1575	34 歳	長篠の合戦。家康、設楽原で信長とともに武田勝頼軍を破る。17 歳の信康は織田軍として参加。
天正７年	1579	38 歳	浜松で第三子・秀忠誕生。築山御前斬首。信康切腹。
天正 10 年	1582	41 歳	本能寺の変。信長死去。伊賀越え。6/3 白子着。6/5 三河・大浜に入港。秀吉、中国大返し。清州会議。
天正 12 年	1584	43 歳	小牧・長久手の戦い。家康、秀吉と和睦し、浜松城へ撤収。
天正 13 年	1585	44 歳	秀吉が関白就任。石川数正（家老・岡崎城城代）出奔。家康軍、真田軍に撃退される。
天正 15 年	1587		秀吉、東国に「惣無事令」を発布。
天正 18 年	1590	49 歳	小田原合戦。小田原・北条氏滅亡。家康、江戸城入り（8 月 1 日）。
天正 20 年	1592		文禄の役。朝鮮へ出兵。
文禄２年	1593		淀君、大坂城・二の丸で秀頼出産。
慶長２年	1597	56 歳	慶長の役。朝鮮へ再出兵。秀頼元服、左近衛権中将に。後見は家康と利家。
慶長３年	1598	57 歳	豊臣秀吉没。
慶長５年	1600	59 歳	関ヶ原の戦い。
慶長８年	1603	62 歳	家康、征夷大将軍に。秀頼（11 歳）と千姫（7 歳）が結婚。
慶長 10 年	1605	64 歳	家康は駿府に隠居。
慶長 19 年	1614	73 歳	方広寺鐘銘問題。大坂冬の陣。
元和元年	1615	74 歳	大坂夏の陣（豊臣家滅亡）。
元和２年	1616	75 歳	4 月 17 日、家康、駿府城で薨去。

❖徳川家康関連年表

和暦	西暦	年齢	項目
享徳・康生年間	1452〜57		西郷稠頼（三河の守護・仁木氏の目代）が岡崎城築城。
寛正年間	1460〜66		蓮如(本願寺八世)が三河に布教活動を行なう。
大永4年	1524		西郷氏、松平清康に岡崎城を追われる。
天文11年	1542	1歳	松平竹千代(徳川家康)は12月26日寅の刻、岡崎城主・松平広忠と正室於大の長男として二の丸で誕生。
天文16年	1547	6歳	竹千代は人質として駿府に送られる途中、田原城主戸田康光に奪われ、織田信秀のもとに送られる。
天文18年	1549	8歳	父・松平広忠没。織田信広との人質交換。竹千代は尾張から駿府に送られる。
天文24年(弘治元年)	1555	14歳	竹千代元服。「元信」と名乗る。烏帽子親は今川義元の義弟関口親永。
弘治3年	1557	16歳	元信、瀬名（関口親永の娘・のちの築山御前）と結婚。
永禄元年	1558	17歳	寺部城攻めに参加（家康公の初陣）。
永禄2年	1559	18歳	瀬名との間に嫡男・信康誕生。元信「元康」に改名。
永禄3年	1560	19歳	元康、坂部城で生母・於大と再会。 元康、大高城兵糧入れ。桶狭間の合戦（今川義元戦死）。元康、岡崎城に帰る。
永禄5年	1562	21歳	織田・松平の「清洲同盟」成立。
永禄6年	1563	22歳	竹千代(信康)と信長の長女・五徳が婚約。元康、「家康」と改名。一向一揆勃発。
永禄7年	1564	23歳	一揆側との和議成立。
永禄8年	1565	24歳	家康、「岡崎三奉行」を設置。
永禄9年	1566	25歳	家康、松平から徳川に改姓。従五位下三河守に。
永禄11年	1568	27歳	信長上洛。足利義昭、室町幕府15代将軍に。武田信玄、駿河に侵攻。
永禄12年	1569	28歳	掛川城開城、今川氏滅亡。
元亀元年	1570	29歳	金ヶ崎の退き口。信長、浅井長政の裏切りで金ヶ崎から京都まで逃げ帰る。家康は小浜経由で京へ向かう。姉川の合戦。家康は、信長とともに浅井・朝倉連合軍を討ち破る。家康、浜松城（曳馬城を改名）に入城、遠江を新しい根拠地とする。

【著者紹介】

泉《いずみ》　秀樹《ひでき》

1943年静岡県生まれ。作家。写真家。慶應義塾大学文学部卒。

新聞、雑誌の記者、編集者を経て、作家生活に入る。1973年に小説『剥製博物館』で新潮新人賞を受賞。

著書『一駅一話　江ノ電沿線　歴史さんぽ』有隣堂、『歴史を歩く　深掘り神奈川』PHP文庫、『医療戦士かく戦えり』日本医療企画、ほか多数。

現在、J：COMのTV番組『泉秀樹の歴史を歩く』原作者・MCを務める。

家康という生き方
2023年2月1日　初版第1刷発行

〔著　者〕泉　秀樹

〔発行者〕松信健太郎

〔発行所〕株式会社　有隣堂
本　社　〒231-8623　横浜市中区伊勢佐木町1-4-1
出版部　〒244-8585　横浜市戸塚区品濃町881-16
電話045-825-5563　振替00230-3-203

〔印刷所〕株式会社堀内印刷所

〔装丁〕信乃

ISBN978-4-89660-239-5　C0221